FRITZ BARTH

ZEICHEN DES WEHRHAFTEN

FRITZ BARTH

ZEICHEN DES WEHRHAFTEN

FESTUNGSBAUTEN VON FRANCESCO DI GIORGIO MARTINI

Martial Signifiers

Fortress Complexes by Francesco di Giorgio Martini

mit einem Essay von Olaf Metzel
und Photographien
von Fritz und Friedrich Barth

with an essay by Olaf Metzel
and photographs
by Fritz and Friedrich Barth

EDITION AXEL MENGES

ISBN 978-3-936681-42-0

Druck und Bindearbeiten *Printing and binding:*
Graspo CZ, a.s., Zlín, Tschechische Republik
Czech Republic

Übersetzung ins Englische *Translation into English:*
Ilze Mueller

Gestaltung *Design:* Fritz Barth

INHALT
Contents

GIORGIO VASARI, Francesco di Giorgio Martini
aus *Le vite dei più eccellenti pittori, scultori e architetti*, 1568

DIE FORM ALS ZEICHEN

Freilich, was war hier die Sache selbst,
und was war ihr Bild?
THOMAS MANN, Joseph in Ägypten

I think, quoth my father, that the noble science of defence
has its weak sides, — as well as others.
LAURENCE STERNE, The Life and Opinions of Tristram Shandy

DIE GESCHICHTE DER ARCHITEKTUR ist eine Geschichte der Typologie.[1] Der Bezug zur Typologie bestimmt sowohl Entstehung wie Wahrnehmung eines jeden einzelnen Werks. Versuchen wir, uns Gebäude außerhalb einer typologischen Bindung vorzustellen, so stoßen wir alsbald an unsere Grenzen und enden bei Phantasmagorien aus SF- und Fantasy-Filmen, die, bei aller Phantastik, sich am Ende doch als Manierismen und Outrierungen oder Perversionen eines Vertrauten erweisen müssen. Vielleicht ist es gerade das Wesen der Typologien, daß außerhalb ihrer, wenn überhaupt, bloß mit Schwierigkeiten gedacht werden kann. Gesehen indes schon, doch mit gehöriger Behinderung des Erkennens: wer etwa mit den Gebäudetypen einer fremden Religion nicht wenigstens in den Grundzügen vertraut ist, durfte unter Umständen nicht einmal in der Lage sein, ihre Bauten überhaupt auszumachen – wobei allerdings die Strategie seiner Betrachtung auf ein typologisches Einordnen des Gesehenen angelegt bleiben wird. Desgleichen bleibt, wer mit den Feinheiten der Typologie nicht vertraut ist, vom Spiel ausgeschlossen, das im betrachtenden Nachvollziehen von Imitationen, Differenzen, Abweichungen, Modifikationen, Kombinationen, Verfremdungen besteht und das es erst ermöglicht, die Architektur in einem gewissen Sinn als Sprache aufzufassen.

Zumeist ist dieses Spiel ein selbstreferentielles: die Elemente, mit denen es gespielt werden kann, sind in der Regel der Architektur entnommen, und viel häufiger werden diese ihres Symbolgehalts wegen außerhalb des architektonischen Kontexts zitiert, als daß die Baukunst sich ›fremden‹ Materials bediente. Selten, und meist ihrer mit ›reinen‹ architektonischen Mitteln nicht oder nicht in gewünschter Präzision herzustellenden Bildhaftigkeit wegen, wird die Grenze des Architektonischen überschritten und eine fremde Metaphorik ins Spiel gebracht: Gebäude in Schiffsform etwa sind in der ersten Hälfte des 20. Jahrhunderts der recht bequeme Beleg für die Modernität von Architekt wie Bauherr,[2] und die Postmoderne hatte ihr Vergnügen an den bild-

1 Zum Begriff ›Typus‹ vgl. Wundt 1920, 55 f.: »Erstens bezeichnet der Typus die einfachste Form, in der ein gewisses Gesetz der Struktur oder der Zusammensetzung gegeben sein kann. [...] Zweitens versteht man unter dem Typus diejenige Form, in der die Eigenschaften einer Reihe verwandter Formen am vollkommensten repräsentiert sind. [...] Drittens nimmt der Typus zuweilen noch die Bedeutung an, daß er nur eine formale Eigenschaft bezeichnet, die den Gliedern einer Gattung oder mehreren Gattungen gemeinsam zukommt.« — Nach Dilthey meint der Begriff »im ästhetisch-poetologischen, d. h. ›hermeneutischen‹ Kontext, den Ausdruck eines Wesenhaften, Charakteristischen, Bedeutsamen, der verstanden werden kann« (Historisches Wörterbuch der Philosophie, Bd. 10, 1598). Letzeres ist insofern bedeutsam für die Architektur, als es auf eine kommunikativ-ästhetische Funktion der Typologie hinweist. Im Gegensatz zum philosophischen und naturwissenschaftlichen Verständnis des Begriffs, das man als analytisch bezeichnen könnte, ist das der Architektur und der Kunst ein strategisches, soweit es die Produktion betrifft, als Bedingung der Rezeption hingegen das einer psychologischen Ästhetik.

2 Ob nicht freilich auch der Schiffsbau der Architektur zugerechnet werden muß, ist immerhin fraglich: im Verständnis der Neuzeit ist die *Architectura Navalis*, wie die *Architectura Militaris* oder die *Architectura Civilis*, eine ihrer Sparten. Reinle, der konstatiert, daß ihre Behandlung als Teil der Architekturgeschichte völlig vergessen wird, schreibt (1976, 240): »In Mittelalter und Neuzeit gehen da die technischen und formalen Anregungen hin und her. Nur ein Beispiel sei

haften Spielereien der amerikanischen Populärkultur, die beispielsweise Würstchenbuden in Form von *hot dogs*, Eisstände in Gestalt riesiger Eismaschinen oder als gigantische *donuts* gestaltete *drive throughs* hervorbrachte.[3] In diesen letzterwähnten Fällen handelt es sich jedoch, nicht was die jeweilige signifikante Form zu erwähnen, die Zeichenhaftigkeit ausdrücklich unter die Funktionen gezählt werden muß. Soweit es sich um ›technische‹ Funktionen handelt, erscheint uns die Ausprägung verschiedener Typen sich aus dem Wesen der Sache selbst zu erklären – daß etwa eine Sägemühle von einer Getreidemühle auf den ersten Blick zu unter-

fig. 1
PHILIP HARDWICK
Euston Station, London

betrifft, sondern in der Technik der Verfremdung entlehnter Gegenstände durch ihre Übernahme in den architektonischen Kontext – die, simpel genug, sich zumeist auf eine übermäßige Vergrößerung beschränkt[4] –, wiederum um eine architektonische Konvention, um einen genuin architektonischen, funktional gebundenen Typus, nämlich den des in seiner ›sprechenden‹ Gesamtform als Werbeträger konzipierten plakativen kommerziellen Bauwerks.

In der Regel geschieht die Entwicklung eines Bautyps durch kontinuierliche Modifikation und Differenzierung eines bereits vorhandenen und richtet sich nach der gleichfalls kontinuierlichen Veränderung der funktionalen Anforderungen – wobei hier, überflüssig scheiden ist, verdankt sich zweifellos nicht der Absicht, eine Funktion mit Mitteln der Architektur auszudrükken. Spielen allerdings soziale oder religiöse Gesichtpunkte eine Rolle, so gewinnen die symbolischen Aspekte an Bedeutung. Bezeichnenderweise trifft dies auch für Beispiele zu, die sich explizit gegen einen Zeichencharakter des Gebäudes zu wenden scheinen: der Verzicht auf Zeichenhaftigkeit (oder genauer: auf eine bestimmte Ebene der Signifikanz), wie ihn funktionalistische Strömungen im 20. Jahrhundert in recht plakativer Manier betrieben, ist selbst ein Akt von großer symbolischer Bedeutung und war auch zweifelsohne als ein solcher gemeint. Man könnte sagen, das Bestreben, die Zeichenhaftigkeit von Gebäudetypen zu leug-

herausgegriffen: Die zu wahren hölzernen Palastfassaden entwickelten Heckfronten der großen Seeschiffe vom 16. bis 18. Jahrhundert. Wie die Probe aufs Exempel wirkt es, wenn es durchaus möglich war, 1697 dem oberen Teil des Schifferhauses an der prunkvollen Grande Place in Brüssel die detaillierte Gestalt eines barocken Schiffshecks mit Galerie und plastischen Meergöttern zu geben.«

3 Auch hier lassen sich die Wurzeln weit zurückverfolgen: Ledoux' berühmtes Bordell für Chaux, dessen Grundriß die Form eines Phallus besitzt, Lequeus Stall in Form einer steinernen Kuh, beides ungebaute, und wohl unbaubare Architekturen, oder die wirklich entzückende, 1761 erbaute *folly* eines Gartenhauses als riesige steinerne Ananas (Dunmore Castle, Stirlingshire, Schottland), haben ihre Vorläufer in der Antike, etwa im Koloß von Rhodos oder dem Grab des Bäckers Marcus Vergilius Eurysaces in Rom, das die Form eines ins Riesenhafte vergrößerten Backofens besitzt.

4 Das Unverhältnismäßige des Dimensionswechsels ist offensichtlich das entscheidende Moment der Verfremdung, die notwendigerweise das Kennzeichnende einer solchen semiotischen Transformation sein muß. Wie eng die Architektur mit solcher verfremdenden Repräsentation verbunden ist, zeigt ein Blick auf den Grabbezirk des Djoser in Sakkara, wo Imhotep die Baukunst erfunden haben soll und wo nicht nur die Mastaba ins schier Unmäßige vergrößert zur ersten Stufenpyramide aufgetürmt wird, sondern auch oberägyptische Schilfhütten und unterägyptische Lehmbautem vergrößert und gleich einer Skulptur in Stein übersetzt die Ritualbühne des Heb-Sed-Hofs bilden.

nen und den Typenbegriff ausschließlich funktional zu fassen, schaffe den Meta-Typus einer ideologisierten Architektur von zwangsläufig geringer ästhetischer Differenziertheit.

Bilden die Typen sich im allgemeinen allmählich und durch Differenzierung heraus, so kennt die Baugeschichte doch verschiedene Fälle, bei denen es galt, Gebäudetypen mehr oder weniger von Grund auf neu zu entwickeln oder sogar gänzlich neu zu erfinden. Für uns eine eher skurrile Randerscheinung der Architektur, war etwa die Entwicklung des Nationaldenkmals für das 19. Jahrhundert eine bedeutende Aufgabe, bei der die Funktion zur Gänze im Symbolischen aufgeht.

Ein anderer Gebäudetyp, den das 19. Jahrhundert neu erfinden mußte, und bei dem die Entwicklungsarbeit, trotz seiner in hohem Maße technisch-funktionalen Gebundenheit, dennoch, und vielleicht sogar in erster Linie, in der Entwicklung seiner Zeichenhaftigkeit bestand, ist der Bahnhof. Einer der frühesten großen Bahnhofsbauten, der zu einem Zeitpunkt entstand, als noch keine Bauform vorlag, die einem Betrachter die Assoziation ›Bahnhof‹ hätte vermitteln können, war Euston Station in London, 1835-1839 nach einem Entwurf von Philip Hardwick errichtet. Vor die Aufgabe gestellt, seinem Bau die notwendige Signifikanz zu verleihen, orientierte sich der Architekt an den Propyläen, einem Vorbild, das sich in mehrfacher Hinsicht ganz vorzüglich eignete. Als Toranlage steht dieser Bautyp der Funktion des Bahnhofs näher als jeder andere, ist also mit dem Betreten und Verlassen der Metropole bequem zu assoziieren, und in der Berufung auf die klassische griechische Architektur, den unübertrefflichen Gipfel der Baukunst, wird die ganze Unternehmung als eine Errungenschaft von höchster kulturhistorischer Bedeutung ausgewiesen: Stevensons Eisenbahn, die die lange Strecke von London nach Birmingham mit der halsbrecherischen Geschwindigkeit von bis zu 50 Stundenkilometern bewältigte, galt den Zeitgenossen als eine der großartigsten Hervorbringungen des menschlichen Geistes.[5] Schließlich wird darüberhinaus London als neues Athen, England als ein neues Griechenland ausgewiesen.

Bei der frühen Entwicklung des Bahnhofs gibt es keine funktional motivierte ›organische‹ Traditionslinie, auf die der Architekt sich hätte berufen können (oder müssen), anders als bei der überwiegenden Mehrzahl der Bautypen – das Hotel beispielsweise geht aus dem Gasthof hervor, das Kaufhaus aus dem Laden, die Fabrik aus der Manufaktur, das Gefängnis aus dem Spital. In Ermangelung eines wirklich brauchbaren Vorbilds begibt sich Hardwick also in die typologische Nachbarschaft und wählt mit dem Propylon einen Bautyp, der sich einzig aufgrund seiner Zeichenhaftigkeit – und in diesem Sinne seiner ›Lesbarkeit‹ – für die neue Aufgabe anbietet; aus funktionalistischem Blickwinkel, konstatiert Pevsner, sei sein Entwurf unverständlich.[6]

DER FORTIFIKATIONSBAU DER ÜBERGANGSZEIT

Die Entwicklung architektonischer Typen in der Renaissance geschieht unter dem Einfluß von drei je nach Phase, Absicht und Aufgabe unterschiedlich gewichteten Faktoren: des antikisierenden literarischen Projekts des Humanismus, des Fortlebens mittelalterlicher Tradition und schließlich, spät erst, des archäologischen Befunds, wobei ersteres hauptsächlich das Programm aufstellt, die beiden anderen die Formen liefern. Was aber bleibt zu tun, wenn all diese Quellen versagen, wenn sich der Architekt nicht nur mit neuen Anforderungen konfrontiert sieht, sondern wenn auch das Zeichen, das das Gebäude sein soll, neu erfunden werden muß, und gerade die Neuheit des Zeichens ein ganz wesentlicher Teil der Aufgabe ist? In genau dieser Lage befindet sich die Festungsbaukunst zur Zeit des Francesco di Giorgio Martini, und die Situation wird dadurch noch erheblich prekärer, daß es nicht nur um Typologie in ästhetischem Kontext geht, sondern daß auf radikal geänderte technische Bedingungen Antworten gefunden werden müssen, die vorläufig niemand geben kann.

Vor den Kreuzzügen hatten in ganz Europa die Stadtbefestigungen über einen langen Zeitraum aus sturmfreien Umwallungen in Form einer einfachen Ringmauer bestanden. Als Schutz vor den recht simplen Mitteln der Belagerung erfüllten diese Anlagen ihren Zweck.[7] Die Berührung mit dem Morgenland während der Kreuzzüge brachte nun sowohl einen Aufschwung der Belagerungstechnik mit sich als auch die Kenntnis der Mittel, mit deren Hilfe man sich dieser Fortschritte erwehren konnte. So wurden beispielsweise Erker eingeführt, von denen aus die Mauern bestrichen werden konnten, Maschikulis den Mauern aufgesetzt (vorkragende Brustwehrmauern mit Senkscharten zwischen den Konsolen zum Ausgießen von Pech und Schwefel); die Türme, ursprünglich bloße Beobachtungsbauten, wurden vergrößert und weiter über die Mauerflucht vorgeschoben, den Toren legte man kreis- oder halbkreisförmige Außenbauten vor, sogenannte Barbakanen

5 Vgl. Pevsner 1998, 227.

6 Pevsner ebd.

7 Für dies und das folgende vgl. Reuleaux 1912, 6ff.

(vermutlich von persisch *barbarkhana*, ›Wache‹), und als Außenwerke wurden Zwinger angelegt, deren umlaufende freie Plätze mit einer im Abstand der wirksamsten Schußweite angelegten Ringmauer abschlossen. Das Ende dieser Entwicklung konsolidierte die erneute Überlegenheit der Defensive, von der Doderer in einer die Anlage von Burgen behandelnden Passage seines Romans *Die Dämonen* bemerkt, sie sei ganz offenbar, und sie müsse bestimmend gewesen sei für den Verlauf der Geschehnisse, ja, für das Gesicht der Zeit.[8] Sie blieb erhalten, bis die Einführung der Feuerwaffen alles gründlich über den Haufen warf.

Die Anfänge des Geschützbaus liegen im Dunkel, doch scheint die europäische Entwicklung kurz nach 1320 eingesetzt zu haben.[9] Bereits um die Mitte des 14. Jahrhunderts besaß jede größere Stadt Positionsgeschütze, also ortsfeste Feuerwaffen, und 1388 konnten mit einer von Ulrich Grünwald in Nürnberg gefertigten großen Büchse, Kriemhild genannt, Steinkugeln mit einem Gewicht von 560 Pfund verschossen werden, die auf eine Distanz von 1000 Schritt eine 6 Fuß starke Steinmauer durchschlugen und denen somit keine auch noch so solide Stadtbefestigung mehr standhalten konnte.[10] Zu dieser Zeit waren die Feuerwaffen bereits allgemein im Einsatz, und die Kriegsführung begann, sich zum Ausgang des Mittelalters grundlegend zu verändern. Eine eindeutige Überlegenheit der Offensivwaffen zeichnete sich ab, und es folgte eine lange Zeit der Unsicherheit und tastender Versuche, bis die Fortifikationsarchitektur schließlich eine brauchbare Antwort auf die neuen Anforderungen finden sollte. Frühe Bestrebungen, die vorhandenen Stadtmauern und Türme zu verstärken, erwiesen sich rasch als nutzlos: auch ein sehr solides Mauerwerk war nicht in der Lage, einem längeren Beschuß standzuhalten, wie spätestens die Eroberung Konstantinopels, einer der am besten befestigten Städte der damaligen Welt, im Jahr 1453 deutlich machte. Um die Mitte des 15. Jahrhunderts war die Übermacht der Offensive so sehr gewachsen, daß allein das Aufstellen von Geschützen ausreichte, um die angegriffenen Orte zur Kapitulation zu zwingen: französische Truppen unter Karl VII. konnten so von Mai 1449 bis August 1450 über siebzig englische Stützpunkte in der Normandie erobern, ohne daß ein Schuß abgefeuert worden wäre.

Nur langsam reifte die Einsicht, daß den geänderten Verhältnissen nur mit einem radikalen Umdenken und einem gewissermaßen ›dynamischen‹ Ansatz beizukommen sei. Eine komfortable passive Deckung, an der man den Angreifer sich die Zähne ausbeißen lassen konnte, vermochte alleine eine erfolgreiche Verteidigung keineswegs mehr zu gewährleisten; nur mit dem Einsatz von Kanonen ließen sich die Batterien des Angreifers wirksam in Schach halten, und so mußte es nun das Ziel sein, mit den eigenen Geschützen das Umfeld des befestigten Orts lückenlos bestreichen zu können, um dem Angreifer das Aufstellen seiner Artillerie und ihren Einsatz unmöglich zu machen oder zumindest deutlich zu erschweren. Die Strategie der Verteidigung hatte sich also der offensiven Konzeption anzunähern, und die wichtigste Aufgabe der Verteidigungsbauten würde es nun sein müssen, den eigenen Waffen Standortvorteile zu schaffen und zu sichern.

Die alten Anlagen zu Verteidigungszwecken mit Kanonen zu bestücken war freilich nicht möglich: zum einen boten die engen Wehrgänge und die schlanken Türme nicht genügend Raum für die Aufstellung von größeren Geschützen, zum anderen waren die aus solch erhöhtem Standort abgegebenen Schüsse zu sehr bohrend und daher weitgehend wirkungslos, und zum dritten besaßen die Mauern und Türme keine ausreichende Stabilität, um dem Rückstoß zu widerstehen.

Seit der Mitte des 15. Jahrhunderts machte man sich in Italien daran, die mittelalterlichen Wehranlagen zu erneuern. Mauern und Türme wurden allmählich niedriger gehalten und auf dieselbe Höhe gebracht, erstere deutlich verstärkt, letztere zu breiten Rondellen als Plattformen für Geschütze in mehreren, teils kasemattierten Feueretagen ausgebaut, wie sie dann, als flache Bastei, auch Dürer in seinem 1527 publizierten Traktat *Etliche vnderricht zu befestigung der Stett, Schlosz vnd flekken*, der ersten deutschsprachigen Publikation zum Fortifikationsbau, zur systematischen Stadtbefestigung vorschlug.

So war also dem Einsatz der Artillerie zum Zweck der Verteidigung der Weg geebnet, und dies, ohne daß zunächst vom Gewohnten allzu sehr hätte abgewichen werden müssen: die überkommene Chiffre für den sicheren Ort, das althergebrachte Bild der türmebewehrten Mauer, und mit ihr das vertraute Zeichen für Wehrhaftigkeit konnten im modernisierten Gewand der rondellierten Befestigung überleben.

Der eingefleischte, wesenhafte Konservatismus der Defension ist nicht zu unterschätzen: die Verteidigung ist kein Ort für das Experiment, ganz im Gegensatz zur Offensive.

8 Doderer 1956, 741.

9 Der erste Einsatz von Feuerwaffen fand angeblich 1324 in Metz statt; die Darstellung einer Art Kanone, aus der mit Hilfe von Pulver ein Pfeil verschossen wird, findet sich 1326 in England, in einer Handschrift des Walter de Milimete. Vgl. Glossarium Artis 7, 235.

10 Stefan Grathoff, www.regionalgeschichte.net.

Auch Francesco di Giorgio Martini (1439-1502) bevorzugt die Rondelle (die er *torrioni*, große dicke Türme nennt); er wendet sie bei seinen späten, in Süditalien für Alfons von Aragon entstanden Festungen an, am konsequentesten in Taranto, und vertritt sie nachdrücklich in seinen Traktaten; er argumentiert, daß runde Türme einem Beschuß am besten standzuhalten vermöchten.[11] Sie besaßen jedoch, neben der schlechten Bestreichbarkeit der Fläche unmittelbar vor der Mauer, den entscheidenden Nachteil, daß vor dem Kopf ein ungeschützter, ›toter‹ Raum blieb, der, nur durch Gräben abgesichert, vom Angreifer genutzt werden konnte, um beispielsweise Pulverladungen zur Explosion zu bringen und dadurch die Bastei nicht weniger effektiv als durch den Beschuß mit Kanonen zu beschädigen.[12]

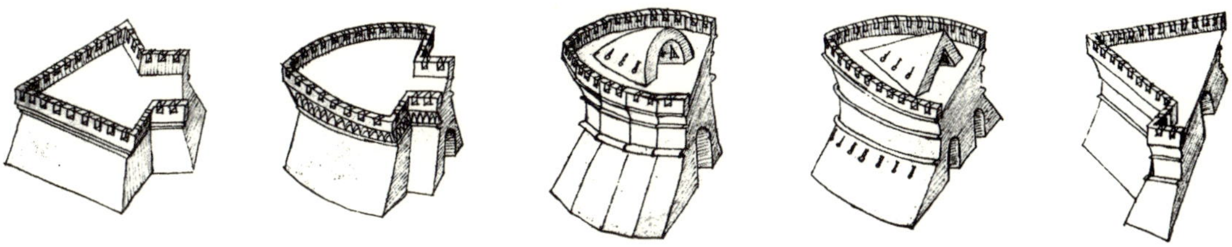

fig. 2
FRANCESCO DI GIORGIO MARTINI, 5 Zeichnungen zu *rivellini*
Codex Magliabechiano f. 53v

Parallel zu der Entwicklung der Bastei erfolgte, zunächst noch zögerlich, die Ausarbeitung der Fünfeckbastion, des *bastione angolare*, deren konsequente Anwendung in systematischer Weise schließlich im 16. Jahrhundert die Phase der Unsicherheit und der Experimente mit der Erfindung der bastionierten Systeme beenden und die Epoche der neuzeitlichen Befestigungsanlagen einläuten sollte. Hier lösen sich die Grundrißformen von den ›idealen‹ Geometrien, also von Kreis und Quadrat und passen sich gewissermaßen ›organisch‹ den funktionalen Vorgaben der Geschoßbahnen an.[13]

Bemerkenswerterweise scheint die Form der Bastion jedoch anfangs gar nicht zu dem Zweck erdacht worden zu sein, den sie später so vorzüglich erfüllen sollte. Frühe Überlegungen finden sich bei Alberti, der in *De re aedificatoria*, abgefaßt 1452, vorschlägt, die Mauern an den durch die Geschosse von Belagerungsmaschinen gefährdeten Abschnitten eckig, wie Schiffsbuge (*prorae*) vorstoßen zu lassen.[14] Die Wortwahl legt den Schluß nahe, Alberti habe sich den Ansturm der Feinde als eine Art Fluidum gedacht, dessen Gewalt es durch die pointierte Form der Mauer, wie er sie auch für die Basen von Brückenpfeilern vorschlägt, zu spalten und zu brechen gälte, und tatsächlich hat diese Analogie zum Wasser etwas für sich – gleich diesem entfaltet eine Kanonenkugel ihre höchste Kraft bei orthogonalem Auftreffen auf die Mauer, und der Vorschlag wird wohl nicht zuletzt darauf ausgelegt gewesen sein, dies zu vermeiden.

Mit Albertis Gedanken vertraut, scheint Francesco di Giorgio von ähnlichen Überlegungen ausgegangen zu sein. Lange Zeit hatte man ihn für den Erfinder der Fünfeckbastion gehalten,[15] doch erscheint die Grundform bereits Mitte der 60er Jahre, also mehr als ein Jahrzehnt vor seinen frühesten Festungsbauten, in der von Matteo Nuti für Sigismondo Malatesta errichteten *rocca* von Cesena. Daß hier, über den Zweck der Abmilderung der Wucht eines Treffers hinaus, der Schlüssel zur Lösung der drängenden technisch-funktionalen Fragen verborgen lag, scheint auch Francesco nicht erkannt zu haben, obwohl er sich sowohl der Problematik als auch des Wegs zur Lösung zumindest in den Grundzügen bewußt war: in seinen Schriften fordert er, die *torrioni* seien so an den Ecken der polygonalen Festungen anzulegen, daß sie die angrenzenden Mauern bestreichen und die benachbarten Basteien verteidigen

11 Codex Magliabechiano 51v (Maltese 1967, II, 431).

12 Die Erfindung der Mine wird gelegentlich Francesco di Giorgio zugeschrieben, so etwa, wenn auch nicht ohne Vorbehalt, von Papini 1946, I, 165. Die erste gegen eine Festung gerichtete Mine soll durch ihn am 27. November 1495 in Neapel zur Vorbereitung der Erstürmung des *castel nuovo* zum Einsatz gebracht worden sein.

13 Aus der Praxis heraus gedacht hört sich die Sache recht einfach an: durch das Auffüllen der unbestreichbaren toten Räume wird das Rondell der Bastei zur polygonalen Bastion mit ihrer charakteristischen Grundrißgestalt in Form eines unregelmäßigen Fünfecks.

14 Hierzu Baier, Hilliges 2010, 206ff.

15 Vgl. Promis 1841, nach Adams 1994, 114.

können,[16] und seine ausgefeilten Konzepte für die Grabenverteidigung besitzen alle Grundzüge der späteren bastionierten Systeme.

Wenn also auch vieles in Francescos Werk sich einer systematischen Anwendung der Bastion annähert – in der Funktionsweise etwa die *puntoni* in Sassocorvaro, daß die Aspekte des Feuerschutzes und der lückenlosen Bestreichung des Vorfelds, die entscheidenden Vorzüge der Bastion, hier zwar in Betracht gezogen, doch nicht konsequent umgesetzt wurden – es macht den denkwürdigen Anschein, als sei die technische Lösung von der ästhetischen Anmutung antizipiert.[19]

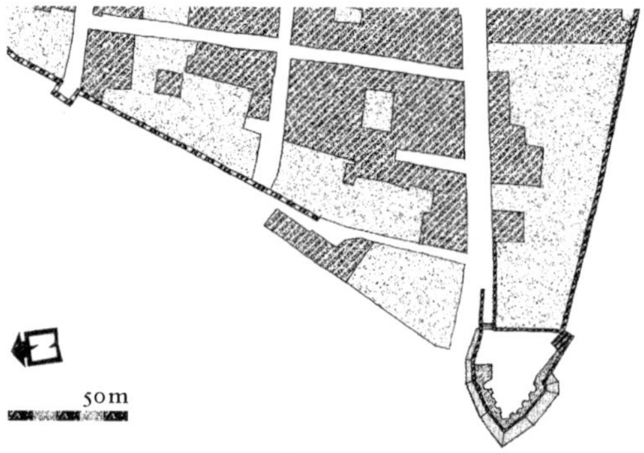

fig. 3
Costacciaro, *rivellino*
(nach Fiore 1994)

Cagli und Taranto oder der Knick in der Kurtine von San Leo, in der Form der *maschio* in Fossombrone oder die berühmten Zeichnungen im Codex Magliabechiano (fig. 2) – so geschieht alles in tastender Weise, bleibt in der alten Vorstellung von einer passiven Verteidigung verhaftet, ohne daß das artilleristische Potential richtig erkannt zu sein scheint[17] – wobei vielleicht auch für sein Erkanntwerden die Notwendigkeit noch nicht bestanden haben mag.[18]

Eine der ›echten‹ Bastion sowohl in der Form wie in der Funktion als Plattform zur Aufstellung der Artillerie sich annähernde Anlage von Francesco di Giorgio hat sich mit dem um 1477 erbauten *rivellino* von Costacciaro erhalten (tav. 1), doch vermag die Übereinstimmung der Gestalt nicht darüber hinwegzutäuschen, Die Vermutung, daß seine an Bastionen gemahnenden Grundrißfiguren, auch wo sie eine systematische Anwendung in Erwägung ziehen lassen, durchaus in anderem Sinne aufzufassen seien, wird dadurch erhärtet, daß Francesco in den Traktaten regelmäßig die Spitzen verbreitert (wohl im Interesse der Grabenverteidigung) oder sie gar mit Rondellen versieht und so das Funktionieren im Sinne einer Bastion erst recht verhindert.

Der Weg ist nun vorgebahnt, doch werden die entscheidenden Konsequenzen erst von der folgenden Generation gezogen, als die zuvor einzeln und eher unsystematisch auftretenden Bastionen zu einem übergreifenden Schema zusammengeschlossen werden – Giuliano da Sangallo entwirft 1488 die mediceeische Befestigungsanlage Poggio Imperiale als einfachen,

16 Codex Magliabechiano 51v (Maltese 1967, II, 431). — Für Rumohr (1827, 187) »war Francesco di Giorgio einer der Begründer der neueren Befestigungskunst: zunächst, weil er selbst mit großer Unbefangenheit als Resultat seines eigenen Nachdenkens mittheilt, was sein Buch darüber enthält; dann, weil diese Resultate an sich selbst höchst wichtig sind, indem sie bereits die Grundzüge der gegenseitigen Vertheidigung vorzeichnen.«

17 Eine in den Uffizien aufbewahrte, gelegentlich Francesco di Giorgio zugeschriebene Zeichnung enthält die Grundrißskizze einer quadratischen Villa mit Ohrenbastionen an den Ecken und eingezeichneten Schußlinien. Glaubt man dieser Zuschreibung, so folgte daraus, daß Francesco sich der Funktionsweise und der Vorzüge des bastionierten Systems durchaus bewußt gewesen sein muß. Bliebe dann die Frage, weshalb es weder in einem seiner Traktate noch in der Baupraxis in solch ausgereifter, systematisierter Form zu finden ist. — Burns (1994, 373f.) hat wohl recht mit seiner Annahme, der Autor dieses Teils des Blattes sei nicht Francesco, sondern Peruzzi; sowohl aufgrund der Gestalt der (offensichtlich später hinzugefügten) Bastionen als auch der für einen Entwurf des *quattrocento* nur schwer vorstellbaren Anordnung der Säulenportiken dürfte die Skizze erst nach Francescos Tod entstanden sein.

18 Baier und Hilliges nehmen an, daß erst in der Folge der Feldzüge Karls VIII. 1494/95 die Notwendigkeit einer übergreifenden Systematisierung der Verteidigung entstand (2010, 216). Eine deutliche Erhöhung der Wirkung und der Einsatzmöglichkeiten von Kanonen, nicht zuletzt durch die Verbesserung der Treffsicherheit, hatte die Konzentration auf kleinere Kaliber in Verbindung mit der Verwendung gußeiserner Kugeln mit sich gebracht. Doch war der Erfolg der Feuerwaffen auch in den Dekaden zuvor zweifellos nicht alleine auf Schall und Rauch gegründet.

19 Zu den gefechtstaktischen Eigenschaften vgl. Fiore in: Fiore, Tafuri 1994, 228ff.

noch nicht ganz ausgereiften Komplex aus aufeinander bezogenen Bastionen, sein jüngerer Bruder Antonio konzipiert 1494 das Fort von Civita Castellana als Fünfeck mit vier Bastionen und einem Rondell an den Ecken; der entscheidende Schritt läßt jedoch noch gute 30 Jahre auf sich warten und wird schließlich 1527 von tung eines idealen Tracé mit stumpfen Bollwerken und weit vorspringenden Ravelins, die eine Bestreichung des gesamten vor den Mauern gelegenen Aufmarschgebiets durch die Kanonen der Festung erlaubte, eine Stadt so sichern könne, wie überhaupt auf der Welt etwas zu sichern sei.«[20]

fig. 4
ROBERT FLUDD, pentagonale Festung nach der Altitalienischen Manier
aus *Utriusque Cosmi*, Bd. II, 1619

Sanmicheli vollzogen, der für die Stadtbefestigung von Verona das zuvor sich bloß andeutende zum konsequenten System entwickelt. Die Geometrie jeder einzelnen Bastion ist nun so gewählt, daß sie von den beiden benachbarten den jeweils besten Feuerschutz erhalten kann. Die Vorstellung einer gewissermaßen ›parataktischen‹ Zusammenfügung einzelner Bauten zur Gesamtanlage ist somit einem Konzept gewichen, das man, ob der organisch-ornamenthaften Ordnung seiner nicht mehr isolierbaren Glieder zur ausgreifenden Großform, die sich aus mit größter Exaktheit aufeinander bezogenen Elementen zusammensetzt, als ›hypotaktisch‹ bezeichnen könnte. Diese Determinierung der Einzelform durch ein System allgemeiner geometrischer Abhängigkeiten ebnet den Weg für die folgerichtige Entwicklung der Befestigungsanlagen zu den ausgreifenden ornamentalen geometrischen Organismen des Barock mit ihrer – wenn nicht die Vorgaben der Topographie es verhindern – perfekten Symmetrie, von denen Sebald seinen Helden Austerlitz sagen läßt, es sei »erstaunlich [...], mit welcher Beharrlichkeit Generationen von Kriegsbaumeistern, trotz ihrer zweifellos überragenden Begabung, an dem, wie man heute leicht sehen könne, von Grund auf verkehrten Gedanken festgehalten hätten, daß man durch die Ausarbei-

Daß hier über die Anforderungen der artilleristischen Praxis hinaus symbolische Belange eine bedeutende Rolle spielen, dürfte kaum abzustreiten sein. So lassen sich wohl die häufigen pentagonalen Konstruktionen als magische Zeichen mit apotropäischer Wirkung auffassen (wie sie auch in anderem Kontext häufig zu finden sind), die Vorliebe für symmetrische Geometrien ist sicherlich im Zusammenhang mit der umfassenden metaphorischen Geometrisierung zu sehen, die der Barock im allgemeinen betreibt, und das Bastionärsystem war wohl nicht zuletzt gerade deshalb so erfolgreich, weil es in hohem Maße dem Bedürfnis der Zeit nach der beschwichtigenden Sicherheit eines Systems, nach ausufernder Systematisierung und rhetorischer Ritualisierung entsprach.

In diesem Zusammenhang verdient auch eine Tatsache unser Augenmerk, die im Kontext militärischer Unternehmungen zunächst überrascht, nämlich eine auffällige Unverborgenheit der baulichen Verhältnisse der Festungen des 16. und 17. Jahrhunderts. Die verschiedenen ›Manieren‹, also die verbindlichen Modelle für die Befestigungen, sind in der seit den von Francesco di Giorgio verfaßten frühesten Traktaten zum Festungsbau inflationär wuchernden Literatur[21] in Grundrissen und Schnitten aufs ausführlichste publiziert,

20 Sebald 2001, 21f.

21 »Niemand, sagte Austerlitz, habe heute auch nur einen annähernden Begriff von der Uferlosigkeit der Literatur zum Festungsbau, von der Phantastik der in ihr niedergelegten geometrischen, trigonometrischen und logistischen Kalkulation, von den hypertrophischen Auswüchsen der Fachsprache der Fortifikations- und Belagerungskunst oder verstünde die einfachsten Bezeichnungen wie *escarpe* und *courtine*, *faussebraie*, *reduit* oder *glacis* [...]« (Sebald a.a.O., 22).

sodaß jeder mit den Regeln der Fortifikationskunst einigermaßen Vertraute bereits aus der Kenntnis eines kleinen Ausschnitts genaue Rückschlüsse auf die Gesamtkonzeption zu ziehen imstande sein mußte – das technische Detail ist hier somit ein einfach zu lesendes Zeichen, das über den Verweis auf die Gesamtanlage und deren nicht infrage gestellte Effektivität dem Angreifer die Undurchführbarkeit seines Vorhabens vor Augen führen soll. Dies nicht genug waren auch die Pläne der ausgeführten Anlagen durch Stichwerke bestens dokumentiert und allgemein zugänglich – wobei indes davon auszugehen ist, daß vorhandene Schwachstellen und Unzulänglichkeiten hier sorgfältig ausgemerzt waren und die Veröffentlichungen ein idealisiertes und perfektioniertes Bild der Anlagen für die Wirklichkeit ausgaben. In solch pragmatischer Idealisierung mag wohl der Zweck dieser publizistischen Unterfütterung auszumachen sein: ein Angreifer soll in der ›akademischen‹, also fehlerfreien und regelgerechten Ausführung die Unbezwingbarkeit der Anlage erkennen. Auch bei diesen publizistischen Offensiven der Defension geht es also um Zeichen.

Tatsächlich scheint kaum eine andere Architekturform einen so wesenhaften Bezug zu ihrer eigenen Zeichenhaftigkeit zu besitzen wie die Festungsbaukunst. Die Trennung zwischen technischer Funktion und ästhetischer Signifikanz ist hier weitgehend aufgehoben, ja es sind beide auf eine eigentümliche Art und Weise ineinander verwoben: das Bauwerk stellt seine Funktionsfähigkeit und Funktionsbereitschaft in expliziter Weise zur Schau, und genau diese Explizierung ist eine seiner wesentlichen Funktionen. Der Grund hierfür liegt in einer Besonderheit der Funktionalität einer solchen Architektur: hier besteht nämlich die paradoxe Situation, daß ein Festungsbau seinen Zweck auf die denkbar beste Weise erfüllt, wenn er nicht dazu gezwungen wird, seine Funktionsfähigkeit unter Beweis zu stellen – will sagen: wenn ein Angriff erst garnicht erfolgt, weil die Anlage einem potentiellen Angreifer die Gewißheit zu vermitteln vermag, daß keine Aussicht auf ein Gelingen des Vorhabens besteht.

Dies ist möglich in Zeiten, wo eine vergleichsweise ›stabile‹ Waffentechnik und ein allgemein akzeptiertes Regelwerk der Kriegführung sich etabliert haben und ein darauf abgestimmter Typus von Wehrbauten ihnen einen wirksamen Schutz entgegenzustellen vermag. Hier verspricht zweifellos diejenige Ausführung einer Verteidigungsanlage den größten Erfolg, die sich an der bewährten Typologie ausrichtet und dies auch in unzweideutiger Weise zeigt.

Dem 15. Jahrhundert, der Übergangszeit von den mittelalterlichen zu den neuzeitlichen Verteidigungskonzepten, steht derartiges nicht zur Verfügung. Zwar waren mit der Entwicklung der Bastei wesentliche Nachteile der alten Anlagen ausgemerzt, doch muß selbst Francesco di Giorgio, der führende Fortifikationsingenieur seiner Zeit, eingestehen, daß es keine Festung gäbe, die einem mit Entschlossenheit durchgeführten Angriff mit Kanonen auf Dauer zu widerstehen vermöchte – es sei denn, sie wäre durch ihre Lage geschützt, in welchem Fall dann jedoch nicht der Kunst, sondern der Natur das Lob gebühre.[22] Der entscheidende Schritt, die Hinwendung zu neuen, offensiven Strategien der Verteidigung, wird nur halbherzig vollzogen, der Festungsbau löst sich nur langsam von den alten Formen, und es ist noch längst keine wirklich zufriedenstellende Lösung in Sicht, die die technischen Probleme tatsächlich bewältigt und sich somit auch zum verläßlichen Zeichen einer neuen erfolgreichen Defensionstechnik geeignet hätte. Die zweite Jahrhunderthälfte ist eine Zeit der Unsicherheit, des Übergangs und des Experimentierens.

Solches Experimentieren war, so will es scheinen, recht eigentlich die Domäne Francescos. Betrachten wir seine in den Marken erhaltenen Bauten, so finden wir eine für einen einzigen Baumeister ganz überraschende Formenvielfalt, und wir vermeinen, eine äußerst phantasievolle, ein breites Spektrum umfassende Versuchsreihe vor uns zu haben – Mondavio und Sassocorvaro mit ihren ganz konträren formalen Ansätzen beispielsweise können wir uns nicht ohne weiteres als das Werk einundesselben Autors vorstellen. Zweifelsohne lassen sich bei Francescos so gegensätzlichen Festungsarchitekturen durchgängige Tendenzen, Konzepte und Stilmerkmale identifizieren, doch was uns sein Werk tatsächlich als ein geschlossenes wahrnehmen läßt, ist, neben der überwältigenden plastischen Präsenz, durch die seine Werke so einzigartig erscheinen, der offensichtliche Hang zu spekulativer Vielfalt – man ist versucht, zu sagen, es zeichne sich vor allem durch die fast spielerisch anmutende Phantastik seiner plastischen Spekulation und, hiervon nicht zu trennen, durch eine schwer bestimmbare, fremde und befremdliche, doch gleichzeitig ganz präzise Signifikanz aus.

Hier stellt sich eine bedeutende, grundlegende Frage, nämlich die nach dem Verhältnis von technischer Funktion und ästhetischer Signifikanz. So unmittelbar sich diese uns auch heute noch mitteilt, so schwer tun wir uns mit der Beurteilung jener. Eine genauere Bestimmung dieser Beziehung erfordert indes zunächst eine

22 Codex Magliabechiano 50v (Maltese 1967, II, 428).

Betrachtung der einzelnen Festungsbauten Francescos im Hinblick auf ihre technisch-funktionalen Gegebenheiten. Doch trifft eine schlüssige, detailgerechte Beurteilung auf einige Schwierigkeiten: nicht bloß wurden die wenigen heute noch erhaltenen Anlagen in dem halben Jahrtausend ihres Bestehens zumeist bedeutend verändert, anderweitig genutzt, dem Ruin anheimgegeben und dann im Fall der Restaurierung entstellt, sondern es sind auch die damaligen Rahmenbedingungen, wie etwa die urbanistischen und topographischen Verhältnisse, die Stellung zu anderen Anlagen, die Straßenführung etc., nur noch unter Schwierigkeiten oder gar nicht mehr nachzuvollziehen. Erschwerend kommt hinzu, daß für diese Zeit eine einheitliche, verbindliche Typologie des Befestigungswesens, die Rückschlüsse auf die jeweilige ursprüngliche Konzeption erlauben würde, ja gerade nicht auszumachen ist.

DIE ROCCA UBALDESCA IN SASSOCORVARO

Werfen wir einen Blick auf die *rocca ubaldesca* in Sassocorvaro, eines von Francescos spektakulärsten Projekten und eine der beeindruckendsten Festungsanlagen des *quattrocento* (tav. 2-9). Der Ort ist von strategischer Bedeutung und sichert die Herrschaft über den mittleren Abschnitt des *Valle del Foglia*. Seine Grenzlage zwischen den Herrschaftsgebieten von Urbino und Rimini machte ihn zum Schauplatz erbitterter Auseinandersetzungen zwischen Federico da Montefeltro und seinem Erzrivalen Sigismondo Malatesta, was zwischen 1446 und 1463, als die Streitigkeiten schließlich mit Sigismondos Niederlage in der Schlacht am Cesano bei Senigallia endeten, zu wiederholter vollständiger Zerstörung und anschließendem Wiederaufbau von Ortschaft und Burg führte.

Federico betraute mit der Herrschaft über Sassocorvaro seinen Bruder Ottaviano Ubaldini della Carda, einen Mann, der für uns von Interesse ist, da er als Bauherr der *rocca* wohl bedeutenden Einfluß auf die Gestaltung der Festung nahm. 1423 oder 1424 in Gubbio geboren, war er gemeinsam mit Federico aufgewachsen und zu dessen engstem Vertrauten und wichtigstem Ratgeber, de facto Mitregenten geworden – Alberti nennt Federico und Ottaviano »*i due principi dell'Umbria*«.[23]

Ubaldini war den Quellen zufolge ein kultivierter, gebildeter Mann mit ausgeprägten künstlerischen und wissenschaftlichen Neigungen – wobei nicht zuletzt seine Beschäftigung mit Fragen der Philosophie und der Alchimie zu nennen ist. Er gilt als die herausragende intellektuelle Gestalt am urbinatischen Hof und als treibende Kraft hinter Federicos kulturellen und kulturpolitischen Unternehmungen.[24] 1470 war ihm die Verwaltung des Grenzgebiets direkt unterstellt worden, und schließlich verlieh Federico ihm den Titel eines Grafen von Mercatello, welcher am 23. August 1474 durch eine Bulle Sixtus' IV. bestätigt wurde.[25]

Wenig später, um 1476,[26] beginnt er mit dem Bau der Festung, oder genauer: seiner befestigten Residenz in Sassocorvaro, einem ambitionierten Projekt, das militärische Notwendigkeit mit der Demonstration von politischer Macht und sozialem Prestige verbindet. Das Vorhaben scheint mit beachtlicher Energie vorangetrieben worden zu sein; Michelini Tocci spricht von einer Bauzeit von nur wenig mehr als einem Jahr.[27] Daß mit der Planung und Durchführung des Vorhabens Francesco di Giorgio betraut wurde, ist nicht durch Dokumente belegt, doch wird die Zuschreibung nicht ernsthaft in Zweifel gezogen. Neben stilistischen Eigenheiten – etwa dem typischen und eigentümlichen Nebeneinander verschiedener Bogenradien und -segmente oder der nicht weniger ungewöhnlichen basislosen Pfeilerarkade im Innenhof (die sehr genau Francescos Langhausarkade im Dom von Urbino entspricht) – scheinen mir besonders zwei Faktoren für seine Autorschaft zu sprechen: zum einen die hohe Qualität und strenge symmetrische Klarheit der Grundrisse, wie sie auch für andere seiner Bauten, etwa den Palazzo Comunale in Jesi, seine Entwürfe für die Casa della Sapienza in Siena oder für die zivilen Idealprojekte

23 Nach anderen Quellen soll Ubaldini Federicos Vetter gewesen sein. — Zu Ubaldini s. Fiore, Tafuri 1994, 235 f.; Aromatico 1996; ausführlich Michelini Tocci 1986. — Federico war der illegitime Enkel des Grafen Guidantonio da Montefeltro und von diesem, als sich auch in zweiter Ehe legitime Nachkommenschaft nicht einstellen wollte, an Kindesstatt angenommen worden. Zu den komplizierten Familienverhältnissen und der fragwürdigen Machtergreifung Federicos vgl. Roeck, Tönnesmann 2005, 23 ff.

24 »[...] *cogestore del potere e vero ispiratore della vita culturale urbinate*« (Santagata 1993, 93).

25 Dies steht im Zusammenhang mit der zwei Tage zuvor erfolgten Verleihung der Herzogswürde an Federico durch den Papst. Sixtus befand sich zu diesem Zeitpunkt in einer sehr bedenklichen Lage – der Tyrann von Città di Castello, Niccolò Vitelli, hatte sich, mit Rückendeckung von Mailand und Florenz, gegen den Papst aufgelehnt – und mußte sich unbedingt des Beistands Federicos, ›dem der Ruf der Unbesiegbarkeit voranging‹, bei der Belagerung von Città di Castello versichern (Pastor 1928, II, 504).

26 Die Datierungsvorschläge liegen nahe beieinander: Franciosi (1930, 192) und Volpe (1982, 61 Anm.) 1474; Serra (1934, 488) 1475; Maltese (1967, xiii) 1476-78; lediglich Miletti (1963, 4) zwischen 1483 und 1489. Vgl. Adams in Fiore, Tafuri 1994, 235.

27 Einführung zum sog. ›Skizzenbuch‹, Francesco di Giorgio Martini 1989, 17. Der Baubeginn wird hier auf 1477 datiert. Andere Autoren gehen von einer längeren Bauzeit und, gestützt durch archäologische Befunde, von zwei Bauphasen aus (vgl. Miletti 1963, 7 ff.).

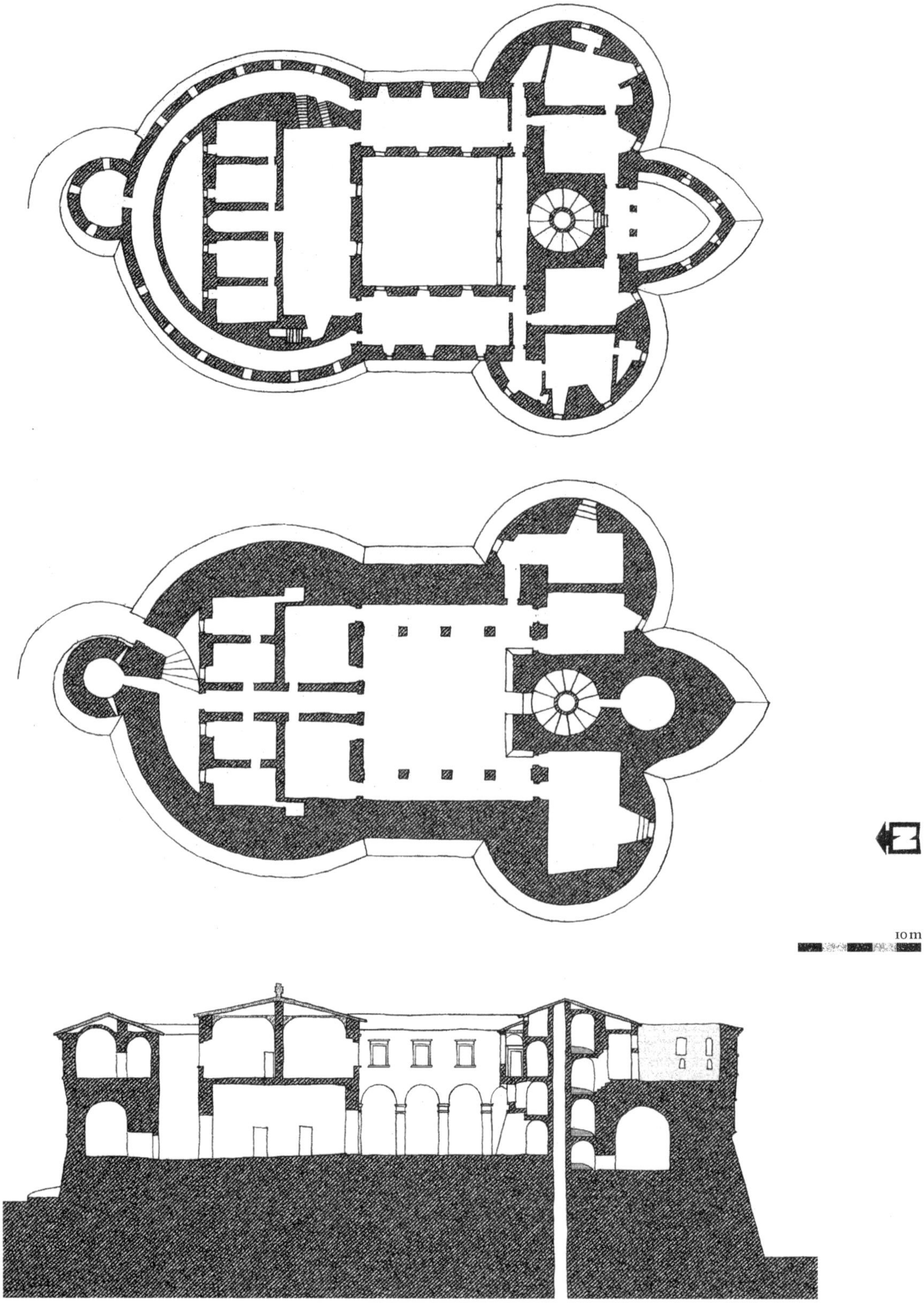

fig. 5
Sassocorvaro, *rocca ubaldesca*, Grundrisse und Schnitt
(nach Papini 1946 und Miletti 1963)

der Traktate kennzeichnend sind,[28] zum anderen die Tatsache, daß sich im sogenannten ›Skizzenbuch‹ der Grundriß einer Festungsanlage findet, die, was Konstellation und Größenrelation der verschiedenen Rondelle bzw. Türme oder die Kombination von *puntone* und flankierenden Türmen betrifft, der *rocca ubaldesca* sehr nahekommt und wohl als Ausgangspunkt für den Entwurf zu sehen ist.[29]

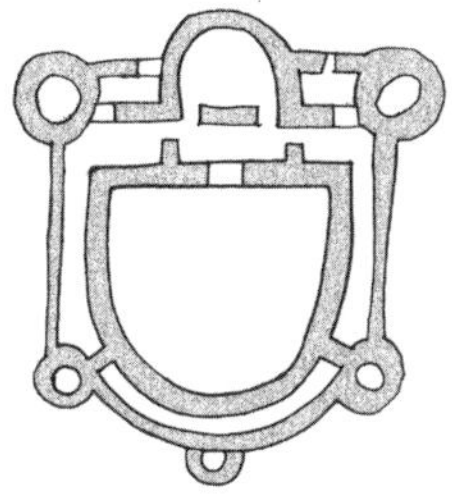

fig. 6
FRANCESCO DI GIORGIO MARTINI, Festungsgrundriß
aus dem ›Skizzenbuch‹, *Vat. Urb. lat. 1757*, 120r (Nachzeichnung)

Die Ortschaft Sassocovaro liegt, einer im Süden sich erhebenden Hügelkette vorgeschoben, auf einem langgestreckten Rücken über dem Tal des Foglia. Die Festung, an ihrem südlichen Ende auf dem Sattel den Hügeln zu gelegen, riegelt nicht nur den Zugang zum Ort ab, sondern kontrolliert auch die strategisch wichtige Erschließung des Tals und sichert den Weg nach Urbino. So groß die militärische Bedeutung auch sein mag, so unglücklich ist die Wahl des Platzes: zwei im Süden und im Südosten gelegene Anhöhen bieten einem Gegner vorteilhafte, leicht zugängliche und sichere Stellungen für seine Batterien, und der Zugang von Osten und Westen ist alles andere als schwierig. Doch nicht nur aus Gründen der Lage ist die effektive Verteidigung gegen einen Artillerieangriff schwierig, wenn nicht gar unmöglich, wie eine detaillierte Betrachtung alsbald aufzeigt.

Eine erfolgreiche Verteidigung gegen Feuerwaffen ist nur mit dem Einsatz eigener Artillerie möglich. Der entscheidende Faktor ist hier die sichere und lückenlose Bestreichung des Vorfelds. Die wenigen wirklich verläßlichen Geschütze in den kasemattierten Stellungen des recht soliden, mit seinen 3 m dicken Mauern wohl ausreichend geschützten unteren Geschosses der *rocca* decken jedoch nur einen Teil ab (fig. 7), was dem Gegner von einigen günstigen, dazu noch erhöhten Stellen aus ein ungestörtes Operieren ermöglicht. Francesco und sein Auftraggeber scheinen sich auf die obere Plattform mit ihren zahlreichen Geschützscharten verlassen zu haben, von wo aus nach allen Richtungen gefeuert werden kann. Die hier stationierten Geschütze können jedoch von der gegnerischen Artillerie leicht ausgeschaltet werden: die Mauern im Obergeschoß sind nicht bloß zu schwach, um wirklichen Schutz zu bieten, sondern darüberhinaus wegen ihrer Höhe leicht zu treffen und zum Einsturz zu bringen und somit mehr Gefahr als Schutz für die Verteidiger. Einem Artillerieangriff hat die *rocca* in Sassocorvaro also nicht viel entgegenzusetzen; nach wenigen Tagen der Belagerung muß der Angreifer notwendigerweise die Oberhand gewinnen und kann ungestört die Festung sturmreif schießen oder in Schutt und Asche legen.

28 Zum Gebrauch der axialen Symmetrie in der Renaissance vgl. Wittkower 1971, 70. Wittkower ist der Ansicht, die schon früh in den Traktaten Filaretes, Francesco di Giorgios und Giulano da Sangallos gestellte theoretische Forderung nach Symmetrie sei – außerhalb der Sakralarchitektur – in der Praxis äußerst selten zu finden und erst von Palladio als »vollständiger Bruch mit der älteren Tradition« konsequent angewandt worden. Umso mehr kann somit eine für das *quattrocento* auffällig konsequente Symmetrie des Grundrisses als Eigentümlichkeit des Werks von Francesco di Giorgio gelten und auf seine Urheberschaft schließen lassen.

29 *Vat. Urb. lat. 1757*, 120r. Laut Michelini Tocci (1986, 16) soll Francesco das Skizzenbuch dem späteren Bauherrn von Sassocorvaro, Ottaviano Ubaldini della Carda, präsentiert haben, als er sich vermutlich 1476 mit der Absicht an ihn wandte, am Hof von Urbino eine Anstellung als Architekt zu finden. Ubaldini, begeistert von den Hunderten Zeichnungen von allerlei ingeniösen Apparaturen, Maschinen, Anlagen und Gerätschaften (die für ihn vielleicht eine vage hermetische Anmutung besaßen und seinem Hang zu Geheimwissenschaften entsprachen), habe die Abfassung des dann Federico da Montefeltro gewidmeten Traktats angeregt und außerdem Francesco mit dem Bau seiner befestigten Residenz beauftragt. *Rocca* und Traktat hätten dann, so Michelini Tocci, zur offiziellen Berufung Francescos zum Nachfolger Lauranas als Hofarchitekt des Herzogs von Urbino geführt.

Man ist versucht, die Gründe für diese offensichtlichen und eigentlich unverständlichen Unzulänglichkeiten in einer Unentschiedenheit der Konzeption zu sehen: läßt die untere Hälfte eine im Grunde genommen »moderne« Auffassung erkennen und könnte mit ihren soliden, nicht allzu hohen Mauern die Grundlage zu einer brauchbaren Festung geben, so scheint der obere Teil sich an überkommene mittelalterliche Vorstellungen anzulehnen, sich also an den passiven Konzepten der vergangenen Jahrhunderte zu orientieren.[30] Doch selbst in dieser Hinsicht macht die Anlage keine gute Figur: große Teile des Mauerfußes sind von der Festung aus nicht einsehbar, geschweige denn zu bestreichen, sodaß die Angreifer, haben sie die unmittelbare Umgebung der *rocca* erreicht, nicht mehr aus sicherer Deckung heraus abgewehrt werden können.

Es läßt sich über die verteidigungstechnische Konzeption von Sassocorvaro also kein günstiges Urteil fällen.[31] Lediglich nach Süden, den Hügeln zu, scheint sich die Anlage von einer vorteilhafteren Seite zu präsentieren: hier läßt die Kombination des *puntone* mit den beiden flankierenden Rondellen – ein bedeutender Schritt hin zur Systematik der Bastion – den Schluß auf Überlegungen zum Flankenschutz und zur effektiven Kontrolle des Vorfelds zu,[32] was zu der Annahme berechtigt, die Grundbedingungen der neuen artilleristischen Kriegführung seien durchaus erkannt worden. Umso erstaunlicher muß es scheinen, daß diese Überlegungen nicht in ein umfassendes Konzept umgesetzt wurden.

Es spricht jedoch vieles dafür, daß sich die zukunftsweisende Form ganz anderen Überlegungen verdankt, daß die Gruppe der drei Türme also nicht als ein

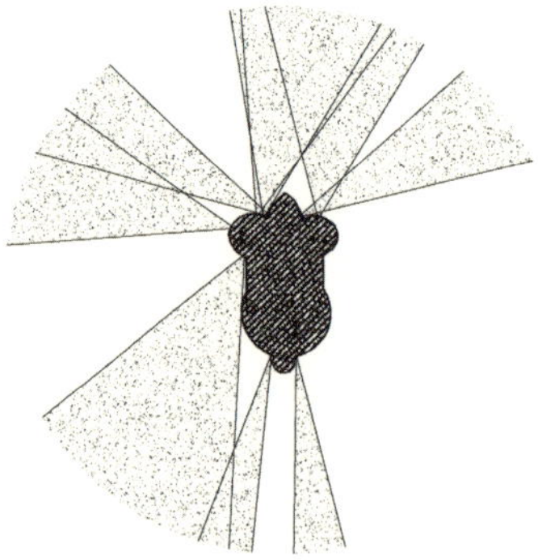

fig. 7
Sassocorvaro, *rocca ubaldesca*, Schußfeld der kasemattierten Stellungen
vgl. Palloni 1996

30 Wie stark Mittelalterliches in der Kriegführung während der Übergangszeit weiterlebt, zeigen nicht zuletzt Francescos Schriften: das ›Skizzenbuch‹, im Zeitraum zwischen 1472 und 1477 entstanden (Maltese 1976, xlii), enthält eine Fülle von Entwürfen für teils recht phantastisch anmutendes Sturmzeug; eine Auswahl daraus nimmt, in überarbeiteter Form, noch breiten Raum ein in den frühen Fassungen des Traktats (Codices Torinese Saluzziano 148 und Laurenziano Ashburnhamiano 361), deren Basistext laut Maltese (ebd.) um 1478 begonnen wurde und die gegen 1486 abgeschlossen wurden (ebd. xlvii). Doch müssen diese Maschinerien sich damals schon etwa so anachronistisch ausgenommen haben wie der Einsatz der Kavallerie gegen Panzer im 20. Jahrhundert. Als Francesco sich in den 90er Jahren anschickt, eine neue Fassung des Traktats zu erarbeiten (Codices Senese S.IV.4 und Magliabechiano II.I.141), haben sich die Vorstellungen von der Kriegführung offenbar so weit gewandelt, daß er nun auf die Darstellung von Belagerungsmaschinen verzichtet.

31 Etwa Palloni 1996, 63. — Möglicherweise war bei der Planung noch von den monströsen, sehr schweren und nur unter großen Schwierigkeiten transportierbaren Geschützen ausgegangen worden, wie sie im 15. Jahrhundert bevorzugt zum Einsatz kamen. Mit ihnen wurden tonnenschwere Steinkugeln abgefeuert, notwendigerweise in stark überhöhter Schußbahn und daher mit geringer Treffsicherheit. Doch auch diesen bloß unter Schwierigkeiten einzusetzenden Ungetümen hätte Sassocorvaro nichts entgegenzusetzen gehabt – noch viel weniger den im letzten Viertel des Jahrhunderts aufkommenden beweglicheren Kanonen mit deutlich kleinerem Kaliber, die auf Lafetten montiert waren und mittels eiserner Kugeln und deren deutlich größerer Rasanz (Anfangsgeschwindigkeit) nahezu waagerechte Geschoßbahnen ermöglichten, mit der Folge einer hohen Treffergenauigkeit und der Möglichkeit eines effektiven Beschusses des Mauerfußes. — Francesco selbst stellt schon im vor 1478, also mit ziemlicher Sicherheit vor dem Baubeginn von Sassocorvaro entstandenen ›Skizzenbuch‹ Geschütze auf Lafetten dar – 86r&v, auch 76r, hier allerdings in einer Weise, die deutlich macht, daß der Künstler mit der artilleristischen Praxis zu diesem Zeitpunkt noch weitgehend unvertraut gewesen sein muß.

32 Der hierdurch erreichte Gewinn wird jedoch dadurch wieder zunichte gemacht, daß der Angreifer seine Kanonen aus einer vorteilhaften höhergelegenen Position abfeuern kann, während die Geschütze der Verteidigung schräg nach oben gerichtet werden müssen.

konsistentes Ganzes aufzufassen, sondern als voneinander weitgehend unabhängige Körper zu verstehen ist; die beiden Rondelle wären demnach als Ecktürme zu sehen, deren jeder für sich den Zugang zum Sattel nach einer Seite hin zu kontrollieren hätte, und unabhängig davon sollte der *puntone* eine gerade Kurtine

Siena mit Fragen des Verteidigungsbaus konfrontiert worden sein, wie auch vielleicht einige Erfahrung im Stückguß erworben haben. Seine praktische Tätigkeit auf dem Gebiet des Bauens war jedoch die eines Wasserbauingenieurs: 1464 war er mit der Oberaufsicht über die *bottini*, die unterirdischen Wasserleitungen

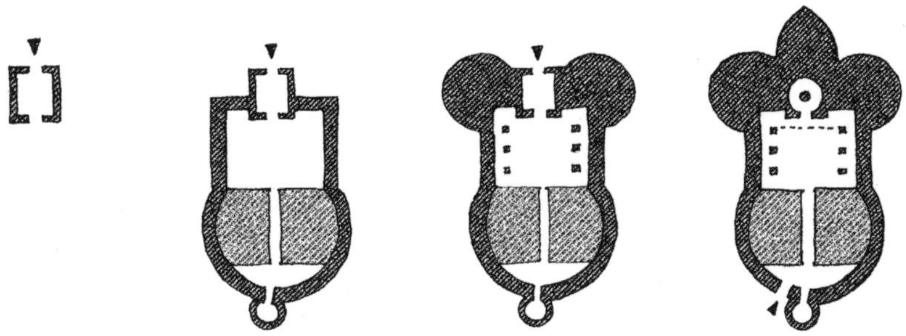

fig. 8
Sassocorvaro, *rocca ubaldesca*, Entstehungsphasen nach Dezzi Bardeschi; vgl. Montebello 1994

zwischen den beiden Rondellen ersetzen und in Anlehnung an Albertis Überlegungen zu schiffsbugartigen Vorbauten dazu dienen, die Wirkung der vom Hügel im Süden abgefeuerten Schüsse abzuschwächen. Die Geschichte des Baus belegt dies: die Südfront entstand in mehreren Phasen, und der *puntone* ist tatsächlich einem ursprünglichen geraden Mauerstück, Teil eines bereits von Malatesta errichteten, in Francescos Festung einbezogenen Turms, vorgesetzt. Die Konstellation verdankt sich somit nicht Ansätzen zu einer artilleristischen, offensiven Konzeption der Verteidigung, sondern bleibt auch hier einem passiven Schema verpflichtet.

Welche Gründe lassen sich für die offenkundigen Unzulänglichkeiten der Festung anführen? Hier wäre zunächst die Unerfahrenheit und mangelnde Praxis Francescos auf dem Gebiet des Festungsbaus zu nennen – Sassocorvaro ist hier allem Anschein nach seine erste Arbeit. Vor der Zeit in Urbino ist von einer Tätigkeit auf diesem Gebiet nichts bekannt, allenfalls könnte er durch die Verbindung mit dem seneser Meister Lorenzo di Pietro, gen. il Vecchietta, der neben seiner Tätigkeit als Maler auch mit Militärarchitektur und mit der Metallgießerei befaßt war,[33] schon während seiner Zeit in

betraut worden.[34] In dieser Funktion hatte er sich zweifellos eine beachtliche Expertise in Statik, Konstruktion, Vermessungskunde und Bauorganisation erworben, unabdingbare Voraussetzung für seine spätere Tätigkeit, doch dürfte er, obwohl die *bottini* als Objekte von höchstem militärischem Interesse wie Staatsgeheimnisse behandelt wurden,[35] mit dem Festungsbau selbst bestenfalls am Rande befaßt gewesen sein. So nehmen auch Verteidigungsbauten im ›Skizzenbuch‹, aus dem sich Rückschlüsse auf Francescos Interessensschwerpunkte vor seiner Übersiedlung nach Urbino ziehen lassen, eine untergeordnete Stellung ein. Die Zeichnungen zu diesem Thema sind nicht sehr zahlreich,[36] umkreisen zumeist die Zirkularfestung mit hohem Turm als bevorzugtes Modell, und von einer kritischen Auseinandersetzung lassen sich allenfalls erste Ansätze ausmachen. Francesco hatte sich also vor der Mitte der 70er Jahre noch nicht eingehend mit den aktuellen Fragen und Tendenzen des Festungsbaus unter den Bedingungen des Einsatzes von Feuerwaffen befaßt, und es ist anzunehmen, daß er auch noch keine ausreichende Kenntnis der artilleristischen Praxis aus eigener Anschauung besaß; diese erwirbt er sich erst durch

33 Maltese 1967, xi.

34 So Michelini Tocci 1989, 14, ohne Angabe einer Quelle. Gesichert ist, daß Francesco spätestens seit 1469 mit der Instandhaltung, Verbesserung und Erweiterung der Wasserversorgung Sienas befaßt war (Adams 1994, 114).

35 Ebd.

36 Die Grundrißskizzen wurden, wie sich aus der Farbe der verwendeten Tinte schließen läßt, zu einem späteren Zeitpunkt eingefügt, doch, wie anzunehmen ist, vor dem Baubeginn von Sassocorvaro 1476.

seine Teilnahme an Federicos Feldzügen von 1478/79, in den kriegerischen Auseinandersetzungen in der Folge der Pazzi-Verschwörung.[37]

Bei alledem darf man indes nicht aus den Augen verlieren, daß auch die Zeitgenossen kaum probatere Lösungen zu bieten hatten; die Unsicherheit, wie den neuen Anforderungen zu begegnen sei, muß eine ganz allgemeine gewesen sein, und es sollten immerhin noch einige Jahrzehnte ins Land gehen, bis die Fortifikationsarchitektur zu einer angemessenen Entgegnung auf die Folgen der neuen Waffentechnologie in der Lage war. Und selbst wenn ein Festungsbaumeister ein wahrhaft zukunftsweisendes Konzept vorgeschlagen haben würde, ist es mehr als fraglich, ob seine Bauherren für ein Experiment von solcher Kühnheit zu gewinnen gewesen wären, hätte es sich doch als radikaler Bruch mit allem Vertrauten in Widerspruch gesetzt zu jeglichem, was die Zeitgenossen mit einem Gefühl der Sicherheit zu assoziieren gewohnt waren, und hätte also eine gröbliche Mißachtung der Chiffre des Sicheren bedeutet.

Kann man also einer generell konservativen Haltung der Bauherrschaft, begründet im von Vorsicht und Furchtsamkeit geprägten Wesen der defensiven Sache, einen bedeutenden Anteil an der langsamen und sehr zögerlichen Entwicklung der Festungsarchitektur zuschreiben, so ist im Fall von Sassocorvaro eine viel konkretere und weitergehende Einflußnahme des Auftraggebers anzunehmen. Der Bau der Festung, die ihm gleichzeitig als Residenz dienen sollte, war für Ubaldini ein prestigeträchtiges Projekt. Er selbst, wie Federico von nicht gerade solider Genealogie, unlängst erst mit dem Grafentitel ausgestattet und somit eher einem dynamischen, man möchte sagen machiavellistischen Prinzip als einem hereditären verpflichtet, ist wohl als eine Art Avantgardist *avant la lettre* zu sehen, der, neben seinem Bruder, auf die Konzeption des revolutionären ›Kulturprogramms‹, dem der Hof von Urbino seine europäische Führungs- oder besser Vorreiterrolle verdankt, entscheidenden Einfluß nahm. Er wird sich also das Zwitterwesen aus Festung und Palast in Sassocorvaro als eine ähnlich ›avantgardistische‹ Manifestation gedacht haben, wie der Palast in Urbino sie mit Erfolg zur Schau stellte und deshalb das Programm und möglicherweise auch die Gestaltung weitgehend bestimmt haben – deutlicher jedenfalls als bei den viel weniger von repräsentativen als von technischen Überlegungen bestimmten und daher stärker dem Einfluß des Ingenieurs unterliegenden ›reinen‹ Festungsbauten.

Es liegt in der Natur der Sache, daß unter den Bedingungen der frühneuzeitlichen Kriegstechnik die Konzeption des Baus als Repräsentation sozialen Prestiges und als politisches Zeichen notwendigerweise eine Einschränkung seiner wehrtechnischen Tauglichkeit mit sich brachte. Ob im Falle von Sassocorvaro die Priorität überhaupt im Planungsziel einer funktionsfähigen Festung zu sehen ist, in dem Sinn, daß alle anderen Funktionen sich den Belangen der Verteidigung unterzuordnen hatten, oder ob die Wehrhaftigkeit auch als Metapher, gewissermaßen als Attribut der Residenz, als Repräsentation des Militärischen im Kontext einer Rhetorik des *decorum* gedacht werden kann, ist durchaus zu fragen.[38] Die Probleme des Baus sind also nicht zuletzt in dieser typologischen Eigenheit begründet. Besteht der Sinn eines Festungsbaus in der Erfüllung seiner militärischen Funktion – was die Einbeziehung seiner Zeichenhaftigkeit keineswegs ausschließt –, so ist die Strategie der Residenz eine ganz andere, nämlich repräsentative. Das Spannungsfeld zwischen Bildhaftigkeit und technischer Funktion ist der Nährboden für alle fortifikatorischen Unternehmungen Francescos. In Sassocorvaro, seinem Erstlingswerk, war genau dieses Feld durch die programmatischen Belange des Bauherrn und die wohl ausdrückliche Forderung nach der Erfindung eines bis dato noch nicht existenten Gebäudetyps abgesteckt worden. Als Bauaufgabe ist dies Neuland, Sassocorvaro auch in diesem Sinn ein avantgardistisches Bauwerk, das in seinem expliziten ästhetischen Anspruch keine Parallele kennt.

In der Explizierung des Neuen verbirgt sich jedoch ein unerwartet konservativer Kern: das Programm der Palastfestung reflektiert durchaus Züge der mittelalterlichen Burg als befestigtem Wohnsitz des Feudalherren. Lassen sich jedoch im Mittelalter technische Funktion des Wehrbaus, politische Repräsentation der Residenz und die Belange einer herrschaftlichen Haushaltung noch ohne Konflikt vereinen, so wird nun unter den deutlich einschränkenden Bedingungen der artilleristischen Kriegführung die Verbindung dieser Funktionen problematisch, wenn nicht unmöglich. Sassocorvaro ist somit ein merkwürdig inkonsistentes Gebilde: ein Bau, dessen avantgardistische Ästhetik sich einem schon anachronistischen, im Grunde genommen überlebten Programm verdankt.

Verschiedene Indizien vermeinen wir neben den aufgezeigten technischen Unzulänglichkeiten zu entdecken, die auf einen intendierten, expliziten Zeichencharakter der Festung in Sassocorvaro hinweisen. So ist

37 Zur diesen Feldzügen und Francescos Teilnahme vgl. Weller 1943, 9ff.

38 Papini ist der Ansicht, Sassocorvaro mache eher den Eindruck eines Jagdschlosses als den einer Festung (1946, I, 172).

beispielsweise in die komplexe, sorgfältig gestaltete zweigeschossige Südwand des ansonsten keineswegs festungshaften, sondern ganz dem Charakter der Residenz verpflichteten Innenhofs das Sockelgeschoß eines, wie die Betrachtung des Mauerwerks schließen läßt,[39] von Malatesta nach der Rückeroberung Sassocorvaros nicht ohne Vorsatz und Überlegung geschehen sein kann. Francesco di Giorgio zeichnet sich als Architekt nicht zuletzt durch seine Fähigkeit aus, Vorgefundenes und -gegebenes weiterzuentwickeln und seiner Konzeption einzuverleiben, oder die Konzeption selbst anhand der Leitlinie dieser Vorgaben zu entwickeln.

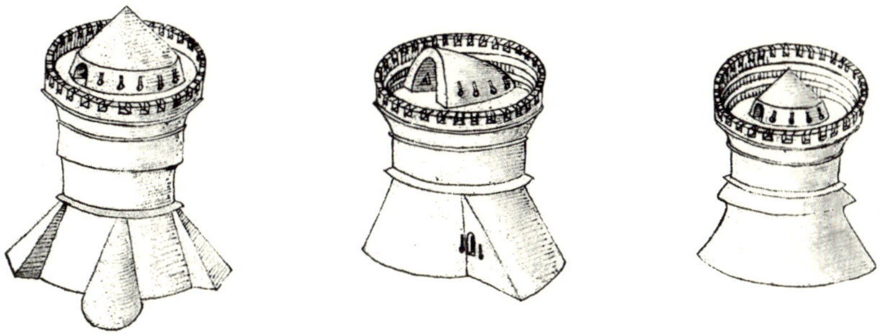

fig. 9
FRANCESCO DI GIORGIO MARTINI, 3 Zeichnungen zu Türmen
Codex Magliabechiano f. 54v

in den Jahren 1458/59 in Angriff genommen Turms einbezogen und, ungeachtet es in Francescos Anlage keine fortifikatorische Funktion mehr besitzt, in seiner dank massiver geböschter Wände und umlaufendem Wulst deutlich martialischen Gestalt belassen. Das Wehrhafte erfährt also eine Verschiebung hin zu einer ästhetischen Anmutung und ist dem fortifikatorischen Konzept, in dessen Gewand es sich als technologische Metapher und als Zitat gefällt, nicht mehr funktional, sondern nur noch in seiner Zeichenhaftigkeit verbunden. Es ist, als habe hier dem typologischen Konflikt von Festung und Residenz seine konzentrierte Form gegeben werden sollen: das martialische Turmfragment mit seiner Monumentalität und hermetischen Blockhaftigkeit vermag nichts gegen die darübergelegte leichte Arkadenreihe, die einer ganz anderen Welt zu entstammen scheint, und so wird im Zuge einer gewaltsamer Harmonisierung das ganze Gebilde mit seinen inkonsistenten Tendenzen in eine elegante Absurdität überführt. Zieht man in betracht, wie einfach es gewesen wäre, das Erscheinungsbild des Turms zu »zivilisieren«, etwa durch Dekoration oder durch eine Korrektur der Gestalt, und so den im Hof sich formulierenden Konflikt zu umgehen, wird deutlich, daß die Einbeziehung dieses explizit militärischen Elements

Auch am Äußeren, wo bei einer Festung kompromißlose Funktionalität zu erwarten wäre, findet sich ein signifikantes, aus einer gängigen Komponente des Wehrbaus abgeleitetes Element, das der Funktion entkleidet und auf seine Zeichenhaftigkeit beschränkt ist. Ein Kennzeichen mittelalterlicher und frühneuzeitlicher Wehrbauten sind Maschikulis, Wurfschachtreihen zur Vertikalverteidigung der Mauern. Diese technische Einrichtung verleiht den Gebäuden eine sehr charakteristische Umrißlinie, wodurch diese schon aus der Ferne mehr als durch alle anderen Kennzeichen unzweideutig als Verteidigungsanlagen zu identifizieren sind. Francesco di Giorgio wendet Maschikulis als technisch-funktionales wie auch chiffrehaftes Element bei fast allen seinen Festungsbauten an, und in den Illustrationen der Traktate sind sie ihm so wichtig, daß er erhebliche Mühe an ihre akribische Darstellung wendet.[40] Hier in Sassocorvaro fehlen sie – wie auch auch bei den Zeichnungen zu drei Türmen im Codex Magliabechiano f. 54v –, doch wird hier wie dort die signifikante Umrißlinie durch ein allmähliches Vorziehen der Wand im oberen Geschoß hergestellt. Eine funktionale Notwendigkeit für diese Maßnahme läßt sich nicht ausmachen; der einzige erkennbare Vorteil ist die geringfügige Verbreiterung der Fläche auf den Mauern

39 Vgl. hierzu die zwischen 1989 und 1992 von Cicognani, Falcini und Rubini durchgeführte und von Cruciani Fabozzi koordinierte Analyse der verschiedenen Mauerwerksarten in Sassocorvaro, publiziert in »Atti [...]« 1996, 75-85.

40 Ob für die Maschikulis bei Francesco in allen Fällen eine technische Funktion anzunehmen ist, läßt sich nicht genau ausmachen. Entwickeln sie, wie etwa in Cagli, Mondavio oder Sant'Agata Feltria, in Verbindung mit weit heruntergezogenen Konsolen eine beachtliche ästhetische Wirkung, dann möglicherweise auf Kosten ihrer Wirksamkeit.

um ca. 50 cm, doch auch ohne diese wäre hier ausreichend Platz.[41] Denken wir uns das Vorkragen des Obergeschosses weg – wie beim *puntone* und den beiden ihn flankierenden Rondellen –, so vermeinen wir sogleich, seine Notwendigkeit als eine Logik der Form, somit also eine ästhetische, zu begreifen. Die Organizität, der Zusammenschluß der einzelnen Glieder des Baukörpers, das für Sassocorvaro charakteristische und häufig beschriebene »Fließen der Linien« und mithin die explizite Abkehr vom Tektonischen und die Hinwendung zu skulpturaler Plastizität, wie sie die wichtigsten der erhaltenen Festungsbauten Francescos allesamt kennzeichnet, verdankt sich nicht zuletzt diesem Kunstgriff.

Organische Geschlossenheit und Konsistenz der Form führen uns zu einem weiteren Aspekt des Symbolischen der Palastfestung in Sassocorvaro, die das Gewicht noch weiter vom technisch-funktionalen des Wehrbaus weg und hin zum Zeichenhaften verschiebt – in einen anderen, emblematischen Kontext der Zeichen, um genau zu sein. Die Rede ist von der regelmäßig in der Literatur angeführten »Schildkröten-Analogie«, gemäß welcher der Grundriß der *rocca* und auch die Gesamtform als riesige Schildkröte aufzufassen seien.[42] Dies ist nicht unumstritten: Adams etwa führt dagegen ins Feld, es würden die symbolischen Belange mit den Projektanforderungen vermischt und die konkreten Bedingungen des Geländes ignoriert.[43]

Schwerer wiegt zum einen, daß die Festung in mehreren Etappen errichtet wurde und am Anfang keinerlei Ähnlichkeit mit einer Schildkröte auszumachen ist (fig. 8), zum anderen, daß die als Ausgangspunkt für das Projekt anzunehmende Grundrißzeichnung im ›Skizzenbuch‹ von der Schildkrötenform deutlich weiter entfernt ist als der ausgeführte Bau. Doch spricht auch dies nicht gegen die Vermutung – denkbar ist beispielsweise, daß Ubaldini die symbolischen Potenzen der aus funktionalen Überlegungen heraus entwickelten Form erkannte und Francesco dazu anhielt, das Projekt unter diesem Gesichtspunkt auszuarbeiten.

Was kann den Auftraggeber zu solcher Bevorzugung des Symbolischen bewogen haben? Hier wäre zunächst das im Sinne einer psychologischen Symboldeutung leichtverständliche Bild der Schildkröte als Zeichen für verläßlichen Schutz und passive Wehrhaftigkeit zu nennen – ein Aspekt, der sich gut mit dem deutlich passiven defensiven Konzept der Anlage in Übereinstimmung bringen läßt und Bildsymbol und zeichenhafte Anmutung auf unkomplizierte Weise vereint. Gelegentlich wird in der Literatur auch die *testudo*, »Schildkröte« genannte militärisch-taktische Formation der römischen Truppen angeführt, meist in Verbindung mit dem in Valturios einflußreichem Militärtraktat beschriebenen und abgebildeten gepanzerten Rammbock in Schildkrötenform, dort gleichfalls als *testudo* bezeichnet.[44] In beiden Fällen handelt es sich jedoch um Instrumente der Offensive.[45]

Eine ganz andere Art von Symbolbezug führt zur Person des Bauherren und liefert einen der möglichen Schlüssel zum Verständnis der Eigenheiten von dessen Festung. Vor einigen Jahren kam im ubaldinischen Familienarchiv ein Dokument ans Licht, aus dem das Ausmaß von Ottavianos ›philosophischen‹, nach dem Verständnis der Zeit also esoterischen und hermetischen Neigungen deutlich wird: ein Codex von an die 150 Seiten, bestehend aus drei Traktaten, die ihn als wahren Eingeweihten in die geheimste der Geheimwissenschaften ausweist, als Alchimisten auf der Suche nach dem *lapis philosophorum*, dem Stein der Weisen.[46] Diesen herzustellen bedarf es einer etwas dubiosen Ursubstanz, der *prima materia*, die emblematisch durch das Bild der Schildkröte repräsentiert wird. Dies nicht genug, gilt das Tier ganz allgemein als Symbol des Alchimisten und steht darüberhinaus im hermetischen Verständnis als Hieroglyphe für den spekulativen, saturnischen Menschen, als den Ottaviano sich verstand. Ein Gebäude in Schildkrötenform wäre somit, als hermetische *architecture parlante*, die angemessene Behausung für einen eifrigen Adepten.

Derartiges ist wohl auf die Intervention des Bauherrn zurückzuführen. Francescos Œuvre, auf dem Gebiet des Festungsbaus durchaus Bildhaftem, auch Außerarchitektonischem verpflichtet, hat sonst nichts diesem im Grunde genommen etwas platten esoterischen Symbolismus vergleichbares aufzuweisen.[47] Bemerkenswert ist in diesem Zusammenhang die Tatsache, daß er die Palastfestung im Traktat, der die bedeutend-

41 Palloni 1996, 61.

42 Etwa bei Miletti 1963, 10ff.

43 Adams 1994, 232.

44 Roberto Valturio (1405-1475) war militärischer Berater des Herzogs von Urbino. Sein Traktat *de re militari*, gegen 1460 abgeschlossen, war zunächst in Abschriften verbreitet, 1472 wurde er dann von Johannes Nicolai in Verona verlegt, als zweites in Italien gedrucktes illustriertes Buch. Die Bedeutung für die Zeitgenossen läßt sich daran ermessen, daß noch 1534 in Paris eine Ausgabe des Werks erscheint.

45 Hierzu und für das folgende vgl. Aromatico 1996, 32ff.

46 Der Ruf, den er sich durch hierdurch bei seinen Zeitgenossen erwarb, war ein etwas zweifelhafter: er blieb der Nachwelt hauptsächlich als Dunkelmann im Gedächtnis, dank der denunziatorischen Äußerung Bembos, der ihm vorwirft, durch magische Operationen die Impotenz Guidobaldos verursacht zu haben, des Sohnes und Nachfolgers Federicos, mit dem die Linie der Montefeltro erlosch.

47 Allenfalls wäre hier an die gelegentlich etwas strapazierten Anthropomorphismen oder besser Anthropometrismen vor allem der frühen Fassungen seines Traktats zu denken, die sich allerdings keinem hermetischen Kontext verdanken.

sten seiner in den Marken ausgeführten Festungsanlagen in Wort und Zeichnung behandelt, unerwähnt läßt. Nimmt man dies nicht als Anlaß dafür, seine Autorschaft infrage zu stellen, so läßt sich nur annehmen, daß dieses Gebäude ihm wenig vorbildhaft schien – zumal es zu einigen Forderungen des Traktats in deutlichem Widerspruch steht –, oder daß er es gar nicht zu den Festungsanlagen im engeren Sinn rechnete. Dies gibt weiteren Nährstoff für die Vermutung, daß die praktische Wehrhaftigkeit hier zwar ein Aspekt von Bedeutung sein mag, jedoch keineswegs die Hauptsache, und daß die hermetisch-martialische Anmutung, um den Preis deutlicher Einschränkungen der militärischen Funktionsfähigkeit erkauft, nicht zuletzt als Teil der repräsentativen Funktion der Residenz verstanden werden muß.

Gleichviel ist die *rocca* von Sassocorvaro ein Meilenstein in der Geschichte der Fortifikationsarchitektur: weniges ist ihrer Aussagekraft als Zeichen an die Seite zu stellen. Francesco gelingt es, mit ihr ein Bauwerk von höchster Signifikanz zu erfinden, ohne sich irgend auf Vorbilder zu berufen oder sich unmittelbar auf eine typologische Entwicklungslinie zu beziehen. Wenn man diese Festung als eine Sackgasse bei dem Versuch der Schaffung sowohl des neuzeitlichen Festungstyps als auch der Residenz sehen muß, so ist dies, neben den zeitgebundenen Umständen und Unzulänglichkeiten, den unauflösbaren Widersprüchlichkeiten des Programms geschuldet.

DIE FESTUNG IN CAGLI

Anders als Sassocorvaro räumt Francesco der Festungsanlage in Cagli (tav. 11 - 13), entstanden in den Jahren nach 1481, in den späten Fassungen seines Traktats breiten Raum ein.[48] Auftraggeber ist hier Federico da Montefeltro selbst, und im Gegensatz zu seinem Bruder Ubaldino, dessen Interesse nicht militärischen Angelegenheiten galt und dessen Denken in anderen Bahnen verlief, ließ der Herzog seinen Festungsbauingenieur hier eine Anlage errichten, die an Konsequenz und kühner Neuartigkeit alles in den Schatten stellte, was bisher als Antwort auf die Bedrohung durch Feuerwaffen erdacht worden war, und sie dürfte es gewesen sein, durch die Francescos Ruhm als führender Festungsbaumeister seiner Zeit begründet wurde. Es ist,

48 Codices Magliabechiano 68, 68v; Senese 32v, 33 [Maltese II, 457ff.]: »Zuerst habe ich in der Stadt Cagli auf einem Berg, der die Stadt um nahezu 300 Fuß überragt und von nur einer Seite aus unter Beschuß genommen werden kann, eine *rocca* in dieser Gestalt anlegen lassen: zunächst den Hauptturm in Art eines Dreiecks, von dem ein Winkel gegen die Seite gerichtet ist, aus der der Angriff kommt, sodaß die Mauer nicht die Wucht der Bombarden abbekommt; und in diesem Winkel ist die Mauer 35 Fuß breit, und an den anderen beiden Enden der Winkel 4 große Türme (*torroni*),* alle massiv mit Ausnahme der Verteidigungseinrichtungen, die gegen die Stadt (*la terra*) soweit vorgeschoben sind, daß sie einen befestigten Hof (*ricetto*) bilden, 45 Fuß lang, 42 Fuß breit, 50 Fuß hoch, entsprechend der Höhe der großen Türme. Zwischen diesem Hof und einem der großen Türme ist das erste Tor, welches durch viele Geschützstellungen (*offese*) gesichert ist; besagten Hof betritt man mittels dreier Tore und zweier Brücken mit Trennmauern. Der Hauptturm (*torre maestra*) ist 100 Fuß hoch, in ihm ist unten eine sehr schöne Zisterne, eine Mühle, ein Backofen, der Vorratsraum, das Gefängnis, der Ofen und das Munitionslager; über diesen fünf schöne Zimmer für den Kastellan, die man über eine Zugbrücke erreicht. In den Mauern der Stadt zu, wo die Mauer nicht angegriffen werden kann, sind die Treppen, abgeschlossen mit sehr starken Eingängen, sodaß sie von oben verteidigt werden können; außerdem ist im obersten Geschoß des Turmes eine Kammer für das Pulver und anderes Rüstzeug (*salmerie*). Und innerhalb der Turmspitze, über den Wurfschächten (*piombatoi*), ist ein Mäuerchen, anderthalb Fuß hoch, mit Abstand von den Zinnen und gleichfalls der Brüstung, abgedeckt mit Tafeln in Form von Kisten, die sich von selbst schließen, sodaß es wie eine gemauerte Bank aussieht, wenn alle geschlossen sind. Diese Abdeckung habe ich zu diesem Zweck angeordnet: erstens ist der Kastellan sicher, daß der Turm nicht aufgrund der Größe der Kragsteine (*beccatelli*) mit Leitern erstiegen werden kann (der durch die Zinnen nicht mit Leitern erstiegen werden kann). Zweitens sind die mit dem Schutz des Turms betrauten sicher davor, durch diese Öffnungen in die Tiefe zu stürzen. Drittens kann man sie bei Bedarf öffnen und als Wurfschächte benutzen. Dann gibt es noch einen anderen Hof für die Infanteristen (*li fanti*), hergestellt aus zwei Mauern, die einen spitzen Winkel der Stadt zu bilden, an denen zwei kleine Türme (*torricini*) sitzen zur Verteidigung der zwei großen Türme, der Mauern und der Spitze des Winkels, mit Geschützstellungen zum Flankenschutz (*offese per fianco*). Und die diesen Hof betreten gehen durch vier Tore und über drei Brücken und betreten dabei keinen dem Kastellan nicht geheuren Ort. Diese Gänge werden vom Kastellan der *rocca* kontrolliert, geöffnet und geschlossen, und immer wenn die Fußsoldaten in irgendeinem der besagten Gänge oder Höfe sind, sind sie wie Gefangene des Kastellans, und er kann sie immer nach seinem Willen bezwingen und überwinden und neue Infanteristen oder Mannschaften in den oberen Hof beim Hauptturm setzen, wo man durch andere Eingänge hinkommt, wo andere, dem Kastellan vertrauenswürdigere Leute sind, ihm gleichfalls untergeben. In einer der zwei Mauern des letzten Hofes ist ein gedeckter Gang (*soccorso coverto*), der zu einem großen, in die Stadtmauer eingebundenen Turm führt, der aus sehr dickem Mauerwerk gemacht ist, durch den der Kastellan Leute in die Stadt bringen und aus ihr herausholen kann. In diesem Turm sind Räume für den Kastellan, Munition und Geschützstellungen in der Stadtmauer nach innen und außen in drei Stufen, mit Zisterne, Mühle, Vorratsraum, Außengräben und Brücken und vielen anderen Teilen, deren Beschreibung lange dauern würde. Dieser Turm ist sozusagen die zweite *rocca*. Er kann nicht beschossen werden, außer gegen die Stadt hin, wie die Illustration zeigt, weshalb ich über die Einzelheiten schweigen werde, um den Lesern nicht langweilig zu werden.«

* In der Zeichnung sind hier nur zwei Türme zu erkennen, und die Formulierung des Textes ist nicht schlüssig: an nur zwei Ecken eines Dreiecks sind vier Türme allenfalls in Form von Doppeltürmen vorstellbar, was aber sicher nicht ohne Erwähnung im Text geblieben wäre.

als wäre hier die Lehre aus den in Sassocorvaro auszumachenden Unzulänglichkeiten gezogen worden. Einschränkend muß indes der Betrachtung vorangestellt werden, daß von großen Teilen der Anlage nicht einmal mehr Reste auf uns gekommen sind – die *rocca* wurde 1502 während des Krieges gegen Cesare Borgia auf Anordnung von Federicos Sohn und Nachfolger Guidobaldo zerstört – und die Überlegungen somit auf eine aus der Beschreibung und der Abbildung im Traktat und den noch auffindbaren Resten beruhende Rekonstruktion bezogen sind. Eine Beurteilung ist also nur im Hinblick auf die Grundzüge der Anlage möglich. Ausgezeichnet erhalten ist der rittlings auf die alte Stadtmauer gesetzte ovale *torrione*, im Traktat als »sozusagen die zweite *rocca*« bezeichnet, einstens sowohl dem Äußeren wie dem Inneren zu von Gräben umgeben und ohne Zweifel zur Verteidigung gegen die Stadt nicht weniger geeignet als zu deren Schutz. Von seinem Untergeschoß aus führt ein 160m langer, noch heute begehbarer unterirdischer Gang (*soccorso coverto*) hinauf zu den Resten der etwa 50m oberhalb der Stadt auf einer Anhöhe gelegenen *rocca*. Wer diesen Ort besetzt, beherrscht die Via Flaminia, die Täler des Burano und des Bosso und nicht zuletzt die Stadt. Eine Festung auf diesem Hügel kann nur von einer Richtung aus, von Südwesten her, unter Beschuß genommen werden, wie der Traktat ausführt. Dieser Seite zu errichtet Francesco seinen Hauptturm, 100 Fuß hoch, 35 Fuß breit, mit sehr massiven Mauern, über dem Grundriß eines Dreiecks. Dessen eines Eck kehrt er gegen die Angriffsrichtung, sodaß das Mauerwerk nicht frontal getroffen werden kann. Flankiert wird dieser *mastio* von zwei niedrigeren Rondellen, die einen guten Flankenschutz und die Kontrolle des Vorfelds gewährleisten. Die Konstellation wiederholt die in Sassovcorvaro entwickelte Kombination von *puntone* und Rondellen, doch erst unter den hiesigen topographischen Verhältnissen vermag die Anordnung ihre Wirkung zu entfalten.

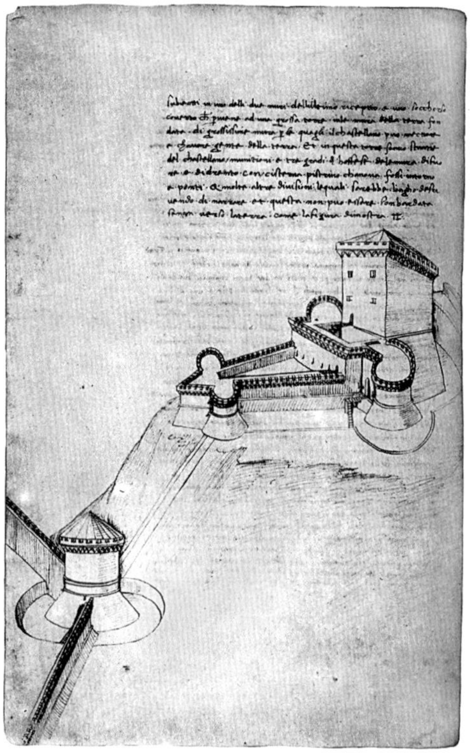

fig. 10
FRANCESCO DI GIORGIO MARTINI, Cagli, Festung
Codex Magliabechiano f. 68 v

Diese Erfindung wird hier gleich noch ein zweites Mal angewendet: der Stadt zu vom *mastio* ausgehend bilden zwei konvergierende Mauern einen langgestreckten dreieckigen Hof, dessen spitzes Eck, von zwei kleinen Rondellen flankiert, dem unten gelegenen *torrione* guten Feuerschutz geben kann. Francescos Forderung, die Türme seien so anzuordnen, daß von einem aus der andere verteidigt werden könne – die theoretische Basis für die Entwicklung des Bastionärsystems – ist hier erstmalig in die Tat umgesetzt.[49] Die Auflösung der Festung in die Bipolarität von *rocca* und *torrione*, zwei, wenn auch ungleichgewichtige, getrennte, doch durch ein artilleristisches Schema aufeinander bezogene Teile, kann als ein erstes, wenn auch noch zaghaftes, Abrücken von der ›hermetischen‹ Konzeption der Verteidigung und als ein bedeutender Schritt hin zu den polyzentrischen Systemen aufgefaßt werden, durch die sich die neuzeitlichen Festungsanlagen auszeichnen werden, und zu einem neuartigen Umgang mit dem Raum, wenn nicht gar zu einem umfassenden und weit über das enge Feld, dem er entwuchs, folgenreich hinausweisenden modernen Raumbegriff.

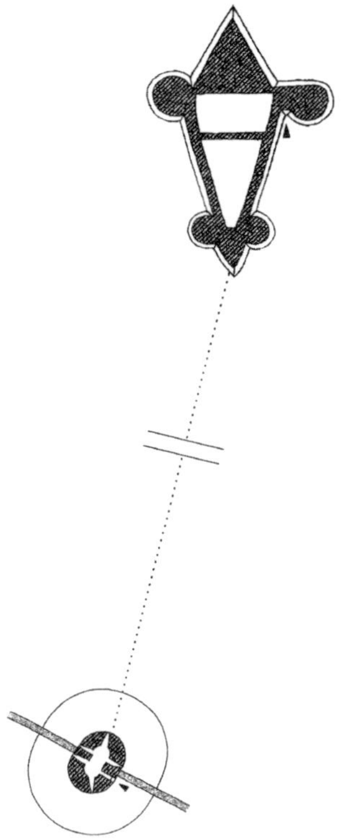

fig 11
Cagli, Gesamtanlage aus *rocca*, *soccorso coverto* und *torrione*

Alles, was im Traktat über Cagli gesagt wird, spricht von strenger Funktionalität und nüchternem, von Erfahrung gespeistem Pragmatismus, und man geht zweifelsohne nicht fehl, hierin die Frucht von Federicos

49 Die 18. eines Katalogs von 20 Forderungen, die Francesco für den Bau von Festungen aufstellt (Codices Magliabechiano 51v; Senese 22 [Maltese II, 431 & tav. 274]). — Bei späteren Bauten rückt er dann von dieser Art des *puntone* ab und entwickelt ihn weiter zu einer unregelmäßigen Fünfeckform, der Festung vorgeschoben und mit dieser durch eine Mauer verbunden und von zwei etwas abgerückten Rondellen flankiert, wie es etwa die Darstellung der nicht mehr vorhandenen Festung von Sassofeltrio in Traktat zeigt (Codex Magliabechiano 69 [Maltese II, tav. 275]) – man könnte sagen, er verschmilzt den *puntone* mit dem *rivellino* und schafft dadurch ein System, das in Form und einigen Aspekten der Funktion auf die Bastion vorausweist.

jahrzehntelanger Erfahrung in der Kunst – oder dem Handwerk – des Herrschens und der Kriegführung zu sehen. Nicht nur einer Belagerung durch feindliche Truppen muß die Festung standhalten können – auch die Untertanen sind eine beständige Gefährdung,[50] obwohl Federico sie vergleichsweise gut behandelte, da er einen beträchtlichen Teil seiner Einnahmen aus der Tätigkeit als *condottiere* bezog und so die Steuerlast einigermaßen erträglich zu halten vermochte. Eine der Erklärungen, weshalb die urbinatischen Festungsanlagen nicht entlang der Grenze angelegt, sondern über das gesamte Herrschaftsgebiet verteilt sind, ist sicherlich ihre Aufgabe, auch die innere Ordnung des Staates zu sichern. So geht es bei den zumeist explizit gegen die Ortschaften gerichteten Stellungen und Einrichtungen also nicht nur darum, im Falle einer Besetzung der Stadt durch den Feind die Festung weiterhin verteidigen zu können, und wenn in Francescos Beschreibung von Cagli hervorgehoben wird, der Kastellan vermöge mittels *soccorso coverto* und *torrione* Leute in die Stadt zu bringen, so wird dies kaum nur zum Wohl von deren Bürgern gemeint sein. Doch auch den eigenen Leuten ist nicht zu trauen, und demgemäß ist die Festung in Cagli mit ihrer von Francesco hervorgehobenen Hierarchie von erstem und zweitem *ricetto*, also befestigten Höfen zur Aufnahme der Truppen, und *torre maestra* nicht zuletzt darauf angelegt, die potentiell unbotmäßigen eigenen Mannschaften kontrollieren und in Zaum – der Traktat sagt es unmißverständlich: wie Gefangene – halten zu können. Beurteilt man Francescos Festungen in den Marken also ausschließlich unter artilleristischen Gesichtspunkten, so verkennt man die Komplexität der Aufgabenstellung.

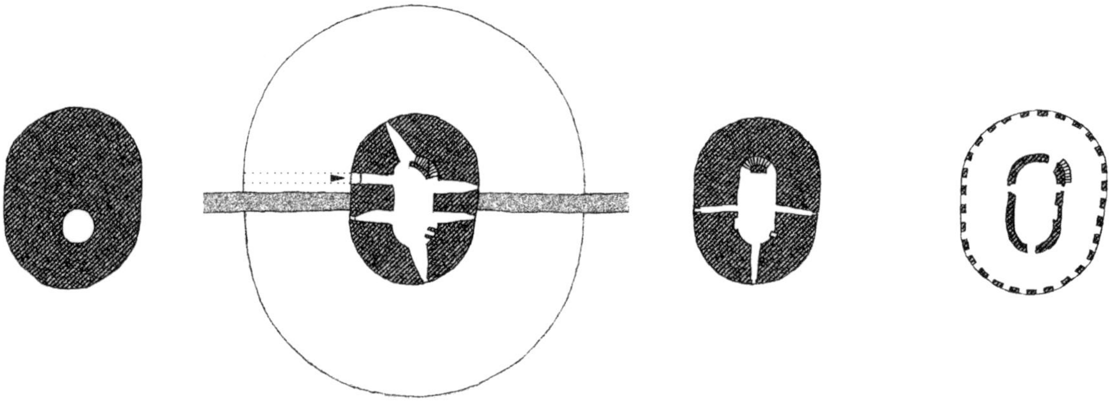

fig. 12
Cagli, *torrione*, Grundrisse
(nach Volpe und Marchegiani)

Gegenüber der wenige Jahre zuvor entstandenen Festung von Sassocorvaro stellt die Anlage in Cagli also einen signifikanten Fortschritt dar. Überlegungen, die dort, sofern sie überhaupt angestellt wurden, eher schematisch und ohne Rücksicht auf die spezifischen Umstände in eine etwas fragwürdige Praxis umgesetzt wurden, sind hier diszipliniert und kompromißlos unter pragmatischen Gesichtspunkten in ein auf die Bedingungen des Orts und die aktuellen Anforderungen ausgerichtetes Schema zurechtgestutzt und weiterentwickelt worden. Über die artilleristische Konzeption kann bloß spekuliert werden – von einer deutlichen Verbesserung des Konzepts der kasemattierten Stellungen ist indes wohl kaum auszugehen. Da die *rocca* in Cagli jedoch eine viel vorteilhaftere Lage hat, wirken

50 Wie groß die innere Bedrohung eingeschätzt werden muß, zeigt sich unter anderem daran, daß die Herrscher in vielen Fällen ihre Städte bei drohender Belagerung ohne Widerstand räumten, weil sie, der Bevölkerung aufs Äußerste verhaßt, ohne deren Unterstützung ihre Sache verloren geben mußten. Der vielgeschmähte Cesare Borgia, seinen Untertanen ein großzügiger und wohlwollender Fürst, dem in den von ihm eroberten Gebieten eine stabile und gerechte Ordnung ein aufrichtiges Anliegen war, konnte im Herbst des Jahres 1500, nachdem Imola und Forlí den Papst gebeten hatten, ihn anstelle der angesetzten Riarii zu ihrem Herrscher zu machen, innerhalb kürzester Zeit und ohne ernsthafte kriegerische Handlungen Pandolfo Malatesta aus Rimini und Giovanni Sforza aus Pesaro vertreiben und deren Gebiete annektieren, weil die Sympathien der Untertanen ganz und gar nicht auf Seiten der angestammten Herrschaft lagen. Urbino, von Guidobaldo da Montefeltro mit Milde regiert, fiel ohne Blutvergießen durch eine Kriegslist, und nur Faenza, das loyal zu seinem Herrn, dem erst 16jährigen Astorre Manfredi hielt, leistete langen und erbitterten Widerstand.

vergleichbare Unzulänglichkeiten sich hier nicht annähernd so nachteilig aus.

Daß indes die Festung als Zeichen ihre Funktion aufs beste erfüllte, ist nach der Darstellung im Traktat, den wenigen erhaltenen Resten und vor allem bei der Betrachtung des *torrione* mit seiner großangelegten schlossenen Ausführung kein Zweifel bestehen. Im Sinne eines machiavellistischen Pragmatismus ist dies sinnvoll und richtig: läßt sich der Besitz eines Objekts nicht wirksam sicherstellen, so ist der beste Schutz die Sicherstellung von dessen Zerstörbarkeit. Zynisch ist dies nur aus der Perspektive der so Geschützten.

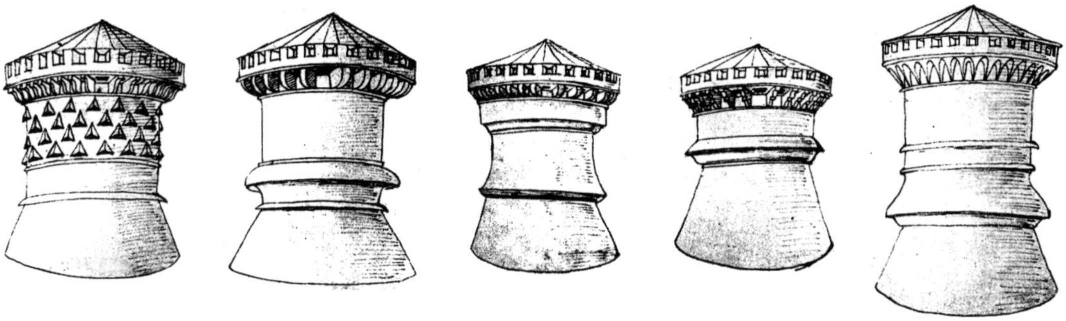

fig. 13
FRANCESCO DI GIORGIO MARTINI, 5 Zeichnungen zu Türmen
Codex Magliabechiano f. 54

wuchtigen Form und seinem Eindruck monumentaler Sachlichkeit mit Sicherheit anzunehmen. Vergleichbares hatte Francesco schon in Sassocorvaro erprobt, jedoch ist hier die Gewichtung verschoben. Ein Angreifer muß sich rasch darüber klar werden, daß die Einnahme der Stadt – mit ausreichender Truppenstärke kein allzu schwieriges Unterfangen – den erhofften Erfolg nicht bringen, sondern ganz im Gegenteil seine Lage äußerst prekär machen würde, da er selbst und seine Eroberung der von der *rocca* und dem *torrione* drohenden Vernichtung schutzlos preisgegeben wären. Eine wichtige, wenn nicht gar die entscheidende Funktion der Festung ist also die Zerstörung der Stadt, die – oder besser: deren Besitz – sie zu schützen bestimmt ist. Diese Funktionalität hat insofern Zeichencharakter, als sie garnicht zur Anwendung kommen, sondern als bloße Potenz den Gegner durch die Einsicht in die Sinnlosigkeit selbst eines geglückten Angriffs von seinem Vorhaben abhalten soll. Damit ein solches Paradox als Drohung erfolgreich sein kann, darf an der ent-

Ungeachtet all dieser Maßnahmen und Vorkehrungen nimmt Cesare Borgia Stadt und Festung 1502 im Handstreich ein, ohne Schwierigkeiten – um sie indes wenige Monate später durch Verrat wieder zu verlieren.[51]

DIE ROCCA ROVERESCA IN MONDAVIO

Stattliche 136 militärische Anlagen hat Francesco di Giorgio nach eigenem Bekunden alleine für Federico da Montefeltro gebaut.[52] Von den allermeisten haben wir keine Kenntnis, doch sind vier, dazu noch zwei für Giovanni della Rovere, in den späten Fassungen des Traktats aufgeführt und ausführlich beschrieben. Von diesen sechsen sind vier entweder spurlos oder bis auf wenige Reste verschwunden: Mondolfo, bis weit ins 19. Jahrhundert hinein gut erhalten, wurde zwischen 1864 und 1895 als Steinbruch benutzt,[53] Tavoleto 1865 von den damaligen Besitzern, den Herzögen Petrangolini, abgerissen, um Baumaterial für ein neues Schlößchen im neugotischen Geschmack zu gewinnen; von Sasso-

51 So der hauptsächlich durch seine Seeräuberromane in Erinnerung gebliebene Rafael Sabatini in seiner 1912 erschienenen Biographie (*The Life of Cesare Borgia, of France, Duke of Valentinois and Romagna, Prince of Andria and Venafri, Count of Dyois, Lord of Piombino, Camerino and Urbino, Gonfalonier and Captain-General of Holy Church. A History and Some Criticisms*, www.gutenberg.org/files/3467/3467-h/3467-h.htm).

52 Vgl. Promis 1841, 288-293.

53 Einige Reste der Dekoration sind erhalten, allesamt Steinmetzarbeiten von außerordentlich hoher Qualität: 37 Konsolen, zwei Eckkonsolen, zwei Teile eines Gebälks, ein Medaillon mit Wappen und zwei Rosetten werden in London (Victoria and Albert Museum) und in Birmingham (Museum and Art Gallery) aufbewahrt (vgl. Adams in: Fiore, Tafuri 1994, 303 ff.).

feltrio waren 1927 noch Reste vorhanden, die seitdem einem kommunalen Gebäude gewichen sind, und schließlich wurde die Anlage in Serra Sant'Abbondio 1946 zerstört, um Platz für das neue Rathaus zu schaffen.[54] Über das Schicksal der oberen Festung in Cagli wurde bereits berichtet, und so bleibt als einziges Bauwerk, das einen Eindruck von der Kunst Francescos auf ihrem Höhepunkt zu vermitteln in der Lage ist, nur die *rocca roveresca* in Mondavio (tav. 20-26) – ein spektakuläres Gebilde, das in seiner grandiosen Plastizität für Jahrhunderte einzigartig dasteht, und ohne Zweifel eines der denkwürdigsten der Architekturgeschichte.

fig. 14
FRANCESCO DI GIORGIO MARTINI, Festungsgrundrisse:
Tavoleto, Serra Sant'Abbondio, Mondolfo
Codex Magliabechiano ff. 69v, 70, 71 (Nachzeichnungen)

Erbaut wurde sie für Giovanni della Rovere; als Entstehungszeit werden die Jahre zwischen 1490 und 1500 angenommen, was sie zur letzten von Francesco in den Marken errichteten Festung macht und somit einigen Aufschluß über den am weitesten entwickelten Stand seiner Fortifikationskunst erwarten läßt.

Hier muß indes unterschieden werden zwischen der Beschreibung im Traktat[55] und dem, was uns als nur fragmentarisch Ausgeführtes in Mondavio vor Augen steht, denn was wir hier vor uns sehen, vermag in technischer Hinsicht nicht vollständig zu überzeugen. Die Anlage, südwestlich vor dem Ort gelegen und von ihm durch einen nur wenig breiten Graben getrennt, besteht aus einem hohen *mastio* und einem niedrigeren, ihm im Abstand von knapp 30m nordwestlich vorgelagerten halbkreisförmigen Turm, allgemein als *mezzaluna* bezeichnet. Durch einen tunnelartigen Gang in dessen Schaft wird, über Brücken und Rampen, die Ortschaft erschlossen. In der Mitte dieses Tunnels zweigt der Hauptzugang zur *rocca* ab. Die Verbindung von *mastio* und *mezzaluna* erfolgt über einen schmalen, langgestreckten, geraden Verbindungsbau, etwas niedriger als letztere, dem stadtseitig ein kleines rundes Türmchen vorgelagert ist. Diesem Verbindungsbau nordwestlich vorgelegt war von Francesco, gemäß der Beschreibung und dem Grundriß des Traktats (fig. 16), ein *ricetto* geplant, also ein geschlossener Hof, sowie ein fünfeckiger Bau mit der Wohnung des Kastellans und einem gegen

54 Vgl. Michela Liotta in ihrem Artikel »*La rocca di Serra Sant'Abbondio*« (www.tecnologos.it/Articoli/articoli/numero_023/07abbondio.asp). — Auf der Internetseite der Gemeinde Serra Sant' Abbondio (www.ssabbondio.it/Storia.html) wird dagegen behauptet, die *rocca* sei, nachdem Cesare Borgia 1502 den Ort eingenommen habe, im Zuge der Rückeroberung durch die Herzöge von Urbino vollständig zerstört worden.

55 Codices Magliabechiano 70v; Senese 34 (Maltese II, 463ff.): »In einer Mondavi genannten Besitzung des Herrn Präfekten [d.i. Giovanni della Rovere] habe ich eine *rocca* mit diesen Teilen aufführen lassen: zuerst ist der äußere Umfang der Räume und des Hofs in fünfeckiger Gestalt, wovon eine Seite gegen die Stadt (*terra*) gewandt ist und das dieser entgegengesetzte Eck nach außen. In den Ecken der Seite gegen die Stadt habe ich zwei kleine Türme (*torricini*) gemacht, massiv mit Ausnahme der Geschützstellungen (*offese*), und im entgegengesetzten Eck des Fünfecks einen 50 Fuß dicken großen Turm (*torrone*), massiv mit Ausnahme der Geschützstellungen, und neben diesen das Zimmer des Herrn. Aus einer der Seiten neben den kleinen Türmen habe ich einen großen Turm gemacht mit einer Höhe von 50 Fuß, in längsovaler Form, durch dessen Mitte die Straße läuft und die an beiden Seiten eine Zugbrücke mit einem *rivellino* hat und in diesem großen Turm ein Tor. In die Mitte, wo besagte Straße, die zur Stadt führt, durch den großen Turm läuft, habe ich den Eingang zur *rocca* gemacht; auf der anderen Seite, diesem gegenüber, neben dem anderen kleinen Turm, einen achtseitigen Turm mit einem Durchmesser von 55 Fuß mit quadratischem Hohlraum (*vacuità*), der Stadtmauer benachbart, wo das Zimmer des Kastellans ist, und da, wo dieses an die Seite stößt, habe ich den Ausgang (*soccorso*) gemacht, mit einem *rivellino*, und darumherum einen Graben, der um alle die besagten Bauten läuft; und in dem Hauptturm (*torre maestra*) sind alle die Einrichtungen, die ich bei den anderen [Festungen] beschrieben habe, wie aus der Zeichnung hervorgeht.«

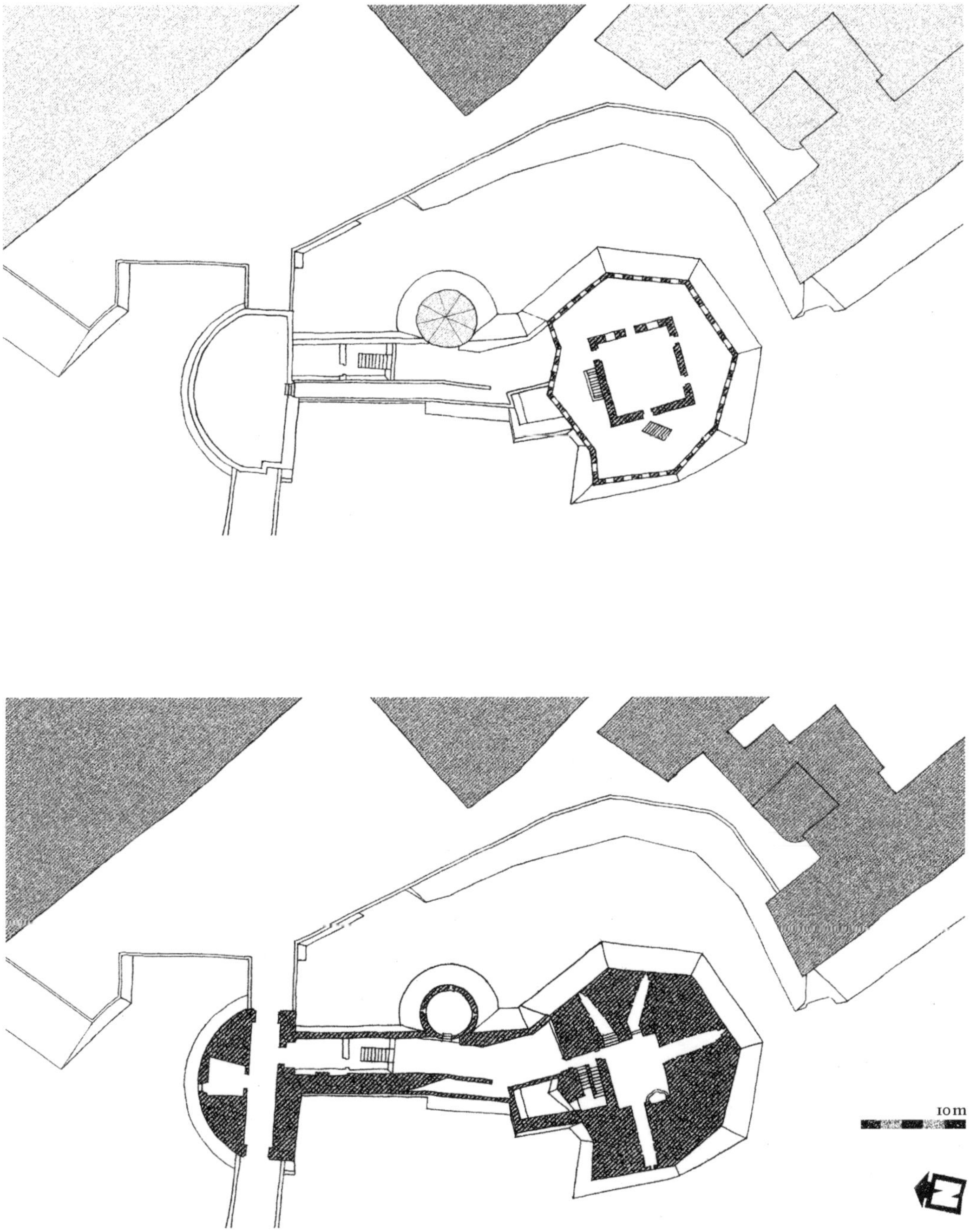

fig. 15
Mondavio, *rocca roveresca*, Grundrisse Ebenen 5 und 3
(nach Buratti und Palloni)

die Landschaft vorgeschobenen Spornturm an der Spitze. Die Ausführung unterblieb, möglicherweise, weil der Auftraggeber sich in der Ortschaft selbst den Palazzo Giorgi bauen ließ und dadurch für die in der *rocca* vorgesehenen Wohn- und Repräsentationsräume kein Bedarf mehr bestand.[56]

legen läßt. Dies hätte eine bedeutende Schwächung der Festung zur Folge: nicht nur ließe sich die *mezzaluna* dann nicht halten und somit der nördliche Teil des Vorfelds vom *mastio* aus nur noch eingeschränkt kontrollieren, sondern es wäre auch jegliche Kommunikation zwischen Stadt und *rocca* unterbunden.

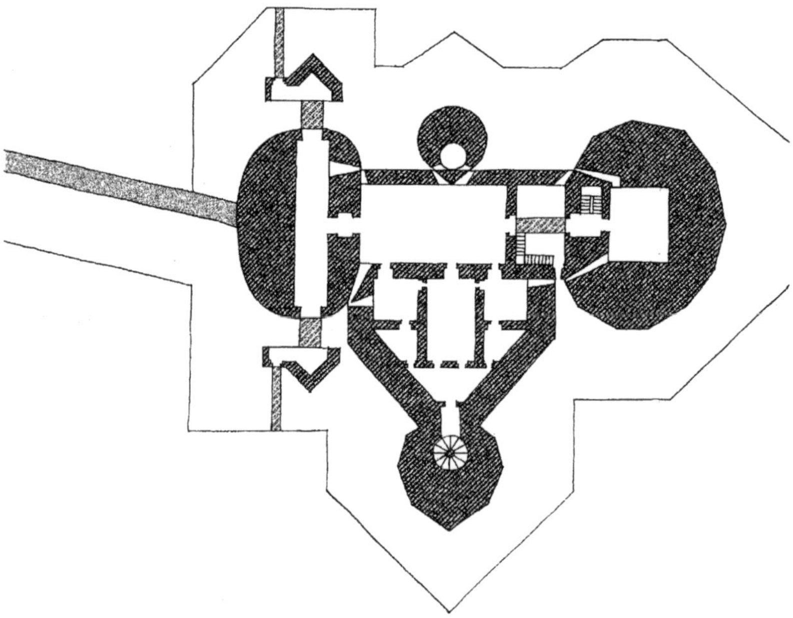

fig. 16
FRANCESCO DI GIORGIO MARTINI, Projekt für die *rocca roveresca* in Mondavio, nach Codex Magliabechiano f. 70v (Nachzeichnung)

Dieser Verzicht hat weitreichende Folgen und ist der Grund für die gravierendsten Unzulänglichkeiten der *rocca* in Mondavio – davon, daß, wie Adams behauptet, die Festung auch ohne die nicht ausgeführten Teile gut funktionsfähig sei,[57] kann keine Rede sein. Nicht nur schränkt das Fehlen des *ricetto* die Anzahl der Truppen bedeutend und damit die operativen Möglichkeiten stark ein – das Fehlen des dritten Turmes, der im Zusammenspiel mit *mezzaluna* und *mastio* ein brauchbares System wechselseitigen Feuerschutzes ermöglicht hätte, stellt das gesamte Verteidigungskonzept auf der stadtabgewandten Seite infrage. Ebenso schwer wiegt die ganz unzureichende Sicherung der Verbindung von *mastio* und *mezzaluna*, die sich nach Süden, also gegen die Seite, von der die größte Bedrohung ausgeht, als eine Art lange Kurtine nur mangelhaft geschützt einem Angriff darbietet und ohne große Mühe in Trümmer

Die Verbindung von *rocca* und Stadt ist insgesamt nicht unproblematisch; hier zeigt sich der Konflikt, der sich daraus ergibt, daß es einerseits die Stadt zu verteidigen gilt, daß andererseits jedoch die *rocca* auch gegen sie zu verteidigen sein muß und so die Verbindung im einen Fall möglichst verläßlich sein soll, im anderen aber sicher zu unterbinden. Trotz aller Anstrengungen und trotz der günstigen Positionierung war das System von Zugbrücken, das einst über den heute in die Stadtmauer einbezogenen *rivellino* die Festung mit der Stadt verband, nicht gänzlich zufriedenstellend zu schützen.

Besser hingegen funktioniert das artilleristische Konzept (fig. 19). Auch wenn nicht alles zur Gänze zufriedenstellend gelöst ist, decken hier doch, anders als in Sassocorvaro, die kasemattierten Geschützstellungen den größten Teil des Vorfelds ab, mit Ausnahme einer schwer zu erklärenden Lücke nach Südosten. Bezieht

56 Vgl. Dechert 1984, 137.

57 Adams 1994, 295.

fig. 17
Mondavio, *rocca roveresca*, Grundriß Ebene 1 und Schnitt
(nach Buratti und Palloni)

man jedoch die nicht ausgeführten Teile in die Betrachtung ein, so kann man das Problem der uneingeschränkten Vorfeldkontrolle als gelöst betrachten.

Weit entfernt ist Francesco allerdings noch von einem System kasemattierter Geschützstellungen; seine artilleristischen Konzepte sind selektiv, oder partikulär. Er ist noch kein Ingenieur, wie die schematisch und systematisch kalkulierenden Festungsbaumeister des kommenden Jahrhunderts es sein werden, und seine artilleristischen Konzepte spiegeln ein Denken in plastischer Vielfalt und vielleicht eine grundsätzlich andere Auffassung des Raums – er scheint sich geradezu gegen die Banalität des Systematischen, der Rezeptur zu sträuben und begierig jeden Vorwand zu nutzen, sich in Vielfältigkeit ausbreiten zu können.[58]

Die Schwächen der Festung sind also zumeist nicht Ergebnis von Francescos Konzept, sondern der mangelnden Konsequenz bei dessen Umsetzung. Beachtenswerterweise bleiben die Unzulänglichkeiten auf die gegen die Landschaft gerichtete Seite beschränkt. Der Ortschaft zu ist, mit Ausnahme einiger noch abzuhandelnder Schwachstellen bei der Grabenverteidigung, hingegen alles sowohl aufs sorgfältigste ausgearbeitet als auch ausgeführt, und die Festung vermag hier ihre Funktion uneingeschränkt zu erfüllen. Die ungewöhnliche Höhe des *mastio* findet hier ihre Erklärung: zwar war die Problematik so hoher Türme längst erkannt, doch gab es in diesem Fall andere Prioritäten: es galt, einen Nachteil des Terrains auszugleichen. Da die *rocca* außerhalb der die Hügelkuppe besetzenden Ortschaft am Fuß der Stadtmauer und damit deutlich niedriger liegt, mußten die sich aus der Höhe des *mastio* ergebenden Schwierigkeiten zugunsten einer hohen, die Stadt dominierenden Plattform in Kauf genommen werden. Die Höhe des Turms, von unbestreitbarem Nachteil im Falle eines Artillerieangriffs, ist also der Absicht geschuldet, die Kontrolle über die Stadt zu gewährleisten.

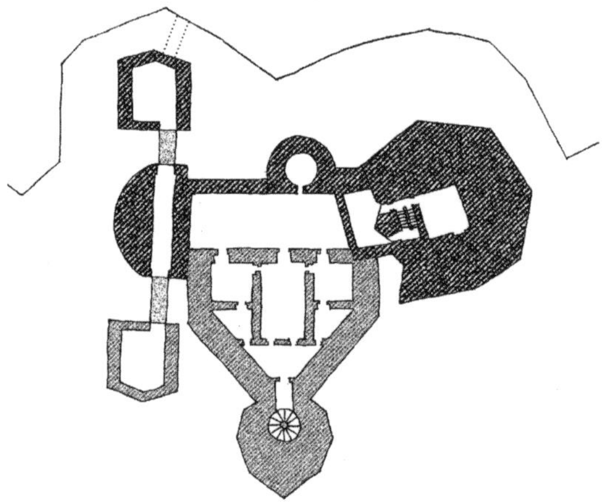

fig. 18
Mondavio, *rocca roveresca*, ausgeführte und projektierte Teile (vgl. Buratti und Palloni 2006)

In diesem Zusammenhang ist auch der kleine, etwa in der Mitte des Verbindungsbaus in den Graben vorgeschobene Turm zu erklären, der eine wichtige Aufgabe bei der Grabenverteidigung und der Sicherung der stadtseitigen Zugbrücke sowie des *rivellino* erfüllt und diesen im Falle einer Erstürmung unter Feuer nehmen kann; mindestens von gleicher Bedeutung ist jedoch seine Funktion bei der Kontrolle der einstens schmalen, später dann durch die Einbeziehung des *rivellino* zum Platz erweiterten Fläche auf der Stadtmauer, der heutigen Piazza della Rovere. Auf sie münden zwei Straßen, die Via Rossini und die Via Bramante, und von der Piazza Matteotti aus ist sie mittels eines Durchlasses zu erreichen. Wäre es nun einem Angreifer gelungen, sich der Ortschaft zu bemächtigen – oder wäre es gar den Einwohnern Mondavios in den Sinn gekommen, sich

58 Ein System kasemattierter Stellungen, wie z. B. von Dürer in seinem 1527 publizierten Festungsbautraktat vorgeschlagen, in regelmäßiger Anordnung und versetzt in zwei Feueretagen, findet sich von allen mit Francesco in Verbindung gebrachten Festungsanlagen nur in Taranto, am konsequentesten dort beim *torrione S. Cristofero*, dem nordöstlichen Rondell. Ob es hier jedoch auf ihn selbst zurückgeht, darf bezweifelt werden – derartige Systematisierung ist ansonsten seine Sache nicht.

ihrer Herrschaft entledigen zu wollen –, so hätten einzig hier Kanonen gegen die Festung in Stellung gebracht werden können. Diese Bedrohung scheint sehr ernst genommen worden zu sein, denn alle drei Orte lassen sich von zwei, wenn nicht gar drei Seiten aus unter Feuer nehmen: von der *mezzaluna*, vom erwähnten Türmchen und darüberhinaus vom *mastio*. Durch die effektive Kontrolle der Fläche auf der Stadtmauer sowie ihrer drei Zugänge droht der Festung von der Ortschaft her keine Gefahr.

In diesem Zusammenhang ist noch zu erwähnen, daß der *mastio* in der Achse der Hauptstraße Mondavios steht, des Corso Roma, der so schnurgerade auf ihn zuführt, daß kaum Zweifel daran bestehen können, daß es hier um artilleristische Belange geht – wie auch die anderen aus der Ortschaft auf die Festung zu führenden Straßen von deren Einrichtungen aus in großen Teilen ihres Verlaufs bestrichen werden können.[59]

Die Tatsache, daß die Festung in Mondavio einerseits auf der stadtabgewandten Seite Defizite erkennen läßt – das Interesse, sie hier durch die Vollendung von Francescos Konzept tatsächlich funktionsfähig zu machen, scheint nicht allzu groß gewesen zu sein –, daß sie andererseits jedoch, was die Kontrolle der Ortschaft betrifft, ganz ausgezeichnet funktioniert, legt erneut die Vermutung nahe, der eigentliche Zweck einer solchen Anlage sei nicht im Schutz der Stadt zu sehen, sondern in der Sicherung des Herrschaftsanspruchs. Dies erhärtet die schon bei der Betrachtung von Cagli geäußerte Vermutung, daß die Befestigungskonzepte der Übergangszeit darauf verzichten – oder nicht in der Lage sind – die Stadt selbst zu verteidigen, und sich stattdessen darauf beschränken, sie durch die Möglichkeit, von der *rocca* aus jederzeit alles in Schutt und Asche zu legen, unter einen fragwürdigen Schutz zu stellen. Hierbei darf indes nicht vergessen werden, daß die Kräfte des Angreifers sich auf die *rocca* konzentrieren müssen als den am stärksten befestigten Teil, der überdies verteidigungstechnisch autark ist. — Die Verteidigung einer ganzen Stadt wird erst nach 1527, nach Sanmichelis Entwicklung des ersten bastionierten Systems gemäß der sogenannten altitalienischen Manier möglich, die nicht zuletzt unter ökonomischen Aspekten eine sehr brauchbare Lösung anbot. Denn eine Stadtbefestigung im ausgehenden *quattrocento* hätte wohl, nach dem damaligen Stand der Überlegungen, etwa aussehen müssen wie die Festung in Taranto [tav. 27], übertragen auf den Maßstab der Stadt, mit immer noch vergleichsweise hohen, immens dicken Mauern, großen Rondellen in ausreichender Zahl etc., und würde also einen ungeheuren, nicht zu leistenden Aufwand mit sich gebracht haben. So wäre zwar die Stadt einigermaßen geschützt,

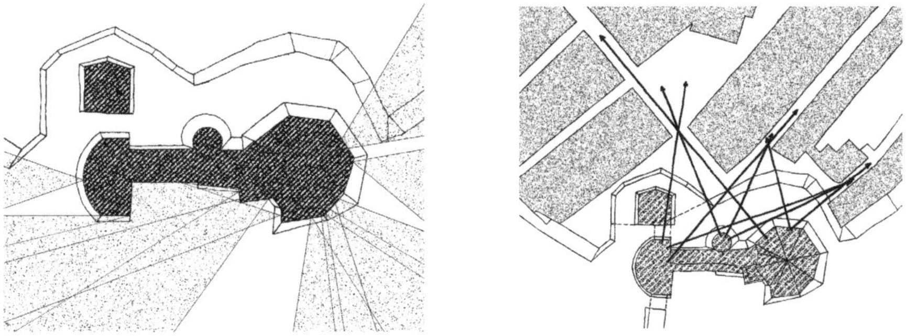

fig. 19
Mondavio, *rocca roveresca*, Schußfeld der kasemattierten Stellungen und stadtseitiges Verteidigungskonzept*

59 Eine ähnliche Konstellation findet sich in Caprarola, wo der aus einem 1527 aufgegebenen Festungsprojekt Peruzzis und des jüngeren Antonio da Sangallo hervorgegangene Palazzo Farnese am Ende der Ortschaft exakt in der Achse der Hauptstraße steht. Ob die in der frühen Neuzeit entwickelten Konzepte der urbanen Ästhetik unmittelbar mit artilleristischen Überlegungen in Verbindung stehen oder von einer durch die Entwicklung der Artillerie geprägten neuen Auffassung des Raums beeinflußt sind, wäre zu überlegen.

* Zugrundegelegt sind der ursprüngliche Verlauf der Stadtmauer und die aktuelle Bebauung der Ortschaft.

die Herrschaft über sie jedoch noch längst nicht gesichert.[60]

Ziehen wir ein Fazit, so läßt sich sagen, daß die *rocca* in Mondavio, wäre sie denn um die fehlenden Teile ergänzt worden, ihre Aufgabe als Festung in technischer Hinsicht zufriedenstellend erfüllt haben würde. Problematisch sind sicherlich, neben der Höhe des *mastio*, die unzulängliche Grabenverteidigung und das nach wie vor etwas unklare Konzept der Geschützstellungen.[61] Soweit man die Anlage beurteilen kann, ohne genaueres über die nicht ausgeführten Partien zu wissen, hat es den Anschein, die Erbauer hätten sich bei ihrer auf wechselseitige Abhängigkeiten aller Elemente gegründeten Planung auf die Einsatzfähigkeit sämtlicher Einrichtungen verlassen und für mögliche Störungen keine Vorsorge getroffen.

Die Festung der Übergangszeit unterscheidet sich insofern signifikant von der auf passive Konzepte gegründeten mittelalterlichen Stadtbefestigung, als sie in gewissem Sinn als eine Waffe, oder ein Waffensystem aufzufassen ist – wenn auch noch nicht in gleichem Ausmaß wie die neuzeitliche Festung, deren Grundgedanke eine Konstellation von Kanonen ist. Bei aller expliziten Neuheit der Form löst sie sich jedoch schwer vom Urbild der Burg, vielleicht, weil sie ohne diese Reminiszenz nicht funktionsfähig sein kann. So ist vielleicht auch die Kriegsmaschine, als die Mondavio regelmäßig bezeichnet wird – Weller benutzt den Terminus *machine of war*, und in der italienischen Literatur taucht regelmäßig die *macchina bellica* auf – ihrem Wesen nach mehr Bild als technische Einrichtung und unsere Wahrnehmung der Festung als ein martialisches Instrument der späte Nachhall einer überaus erfolgreichen bildrhetorischen Operation Francescos, die uns ein technisch in mancher Hinsicht unvollkommenes Gebilde als Ikone einer ob der Stärke des Bildes sich der Prüfung überhebenden Wehrhaftigkeit darstellt. Tatsächlich kann es keine der wirklich funktionsfähigen, doch recht unspektakulären Festungen der Neuzeit an suggestiver Bildhaftigkeit mit dem *mastio* von Mondavio aufnehmen. Nicht um eine Kriegsmaschine handelt es sich also, sondern um eine martialische Skulptur.

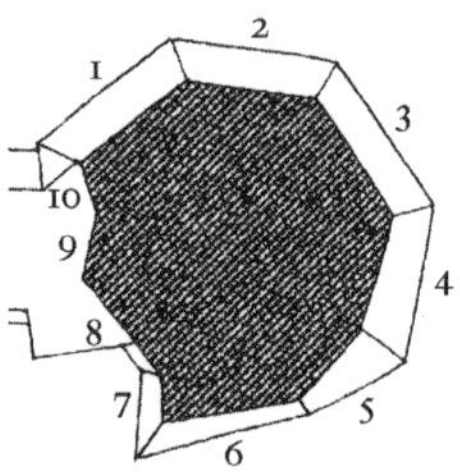

fig. 20
Mondavio, *rocca roveresca*
mastio

Dies zu beurteilen, gilt es, die technisch-funktionalen Bedingungen der Form zu identifizieren. Der Traktat beschreibt den *mastio* als achtseitigen Turm, die Zeichnung deutet ihn jedoch mit mindestens 10 Seiten von ungleicher Länge an, in langgestreckter Form, die in ein Oval einzubeschreiben ist. Verläßliche Rückschlüsse auf Francescos Absichten erlaubt die Zeichnung indes nicht: die schmale Form des *mastio* scheint dem

60 Der entscheidende Schritt geschieht bezeichnenderweise in Verona, das nicht unter der Herrschaft einer Adelsfamilie oder eines Tyrannen stand, sondern unter der der Republik Venedig eine vergleichsweise große Freiheit genoß. Veroneser und venezianische Familien teilen sich also die Interessen, und somit haben Verteidigung und Schutz der Stadt selbst die Priorität gegenüber der Sicherung der Herrschaft über die Stadt. Die Option der Zerstörung als praktische Rhetorik der Verteidigung kann hier nicht bestehen. — Anders sind die Verhältnisse in Florenz, wo in der *fortezza da basso* die Kanonen auf die Stadt gerichtet sind. Diese ausgeklügelte Militärmaschinerie wurde mit ungeheurem Aufwand in nur drei Jahren, zwischen 1534 und 1537, von Antonio da Sangallo d. J. im Auftrag von Alessandro de' Medici errichtet, der sich mit ihrer Hilfe die unlängst erst zurückgewonnene, alles andere als unangefochtene Herrschaft seiner Familie über die potentiell unbotmäßige Stadt in einer Zeit zunehmender politischer Turbulenzen sichern wollte. Eine der ersten Zitadellen Italiens, folgt sie genau der Konzeption von Francescos *rocche*, diente zum einen der Kontrolle der Stadt und dem Schutz gegen ihre Bevölkerung, war zum anderen jedoch als eine Art von indirektem Schutz gegen einen äußeren Feind dazu gedacht, diesem durch ihr Zerstörungspotential eine Besetzung wenig attraktiv erscheinen zu lassen.

61 *Una diffusa presenza di casematte per l'utilizzo di artiglierie a fuoco*, ein etwas undeutliches Vorkommen kasemattierter Geschützstellungen konstatieren Buratti und Palloni als Kennzeichen der Festungen der Übergangszeit (2006, 229).

Platzmangel auf dem Papier geschuldet. Der ausgeführte Bau läßt ein regelmäßiges Schema nur an fünf Flächen erkennen, angefangen bei der an den Verbindungsbau zur *mezzaluna* anschließenden [1] und dann im Uhrzeigersinn weiter bis zur südwestlichen [5], die mit ihrer spektakulären Verdrehung – sie ist nicht plan, Halses ist an der einen Hälfte einheitlich [1-5], an der anderen jedoch löst sich alle Ordnung auf. Auch sind die Böschungswinkel nicht gleich, und bei den beiden mittleren Segmenten der ›eingezogenen‹ Nordwestfront [8,9] wurde auf die Böschung ganz verzichtet und der senkrechte Hals einfach heruntergezogen.

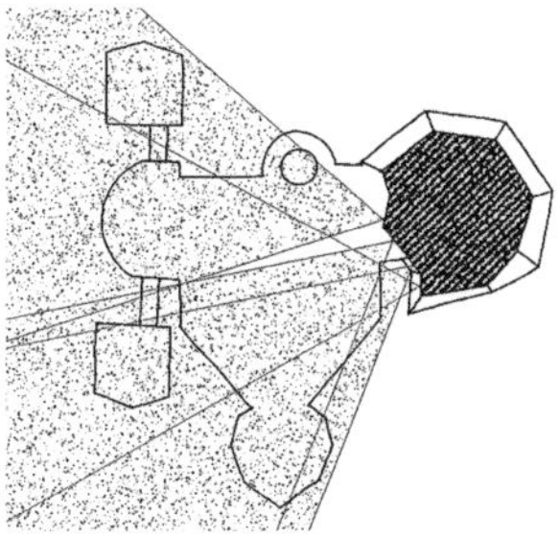

fig. 21
Mondavio, *rocca roveresca*
Kontrolle der Festung vom *mastio* aus

sondern windschief – wesentlich zum skulpturalen Charakter des Ganzen beiträgt. Die restlichen Flächen [6-10] lösen sich von der einfachen geometrischen Figur und bilden eine Folge von abwechselnd eingezogenen und ausgestellten Faltungen in unregelmäßiger Rhythmisierung und mit deutlicher Asymmetrie.

Die erwähnte windschiefe Fläche ist nicht die einzige Auffälligkeit, die den auf rationales Gleichmaß und ordnungsstiftende Regelmäßigkeit konditionierten architektonischen Blick in skulpturale Irritiertheiten zieht: so taucht etwa die Konstellation, der sich diese verdankt – daß nämlich die beiden die Fläche horizontal begrenzenden Linien nicht auf einundderselben Ebene liegen – noch an weiteren Stellen auf [4, 6, 7, 10], wobei das Problem hier mittels zweier sich in einer schrägen, ansteigenden Geraden schneidender planer Flächen gelöst ist. Stets geht es um die Verbindung des überhohen, geböschten Unterbaus zu dem kleinen prismatischen ›Hals‹, dessen Seiten zu den Grundrißlinien des Erdgeschosses nicht in allen Fällen parallel sind. Diesem ›Hals‹ entwachsen Maschikulis mit weit heruntergezogenen Konsolen, als Stützkonstruktion des auskragenden Obergeschosses. Doch sind die Verhältnisse der Höhenstaffelung nicht so simpel, wie die Beschreibung vermuten läßt. An einigen Seiten [1-5] sind geböschter Unterbau und senkrechter Hals durch einen dünnen Kranz getrennt, woanders treffen sie an einer genau gezogenen Falte aufeinander [7, 10], und an anderer Stelle hinwiederum läßt sich die Trennung von Schräge und Senkrechte nicht genau ausmachen, sondern ist auf etwas undurchsichtige Art verschliffen [5]. Die Höhe des Dieser Komplex von Ungereimtheiten erweitert sich, so folgerichtig wie unvermeidbar, um die prominenten Linien der Kanten, die teils gerade, teils gebrochen verlaufen, wobei die Stelle des Knicks manchmal, aber nicht immer, durch den nur fragmentarisch umlaufenden Wulst zwischen Böschung und Hals akzentuiert ist, an anderer Stelle jedoch fast unbemerkbar bleibt.

Konfusion im Monumentalen also, und versuchte man, genauer zu beschreiben, so hörte sich die Sache noch verwirrender an. Das Betrachten des Werks will jedoch von solcher Unordnung nichts wissen; der Körper entzieht sich bloß einer dem Tektonischen verpflichteten architektonisch interpretierenden Betrachtung. In seiner plastischen Organizität mangelt es ihm indes keineswegs an Folgerichtigkeit, und ganz im Gegenteil verdankt sich die Konsistenz dieses eigentümlich Skulpturalen gerade der Unmöglichkeit, ein widerspruchsfreies tektonisches Schema und eine geometrische Hierarchie zu konstruieren.

Dennoch verlangt das Gesehene nach Erklärung. Hier müssen zwei Wege beschritten werden: der technische, der das betrachtet, was aktiv wie passiv der Kriegsmaschinerie geschuldet ist, und der historische, der die Entstehungsgeschichte des Bauwerks zugrunde legt – wobei er sich gegebenenfalls, in Ermangelung brauchbarer Quellen, mehr schlecht als recht mit einer rekonstruierten, spekulativen Geschichte des Baus behelfen muß.

Technische Überlegungen sind es, denen der gefaltete Einzug der Nordwestseite seine Gestalt verdankt. Die gelegentlich geäußerte Annahme, der Sinn der unterschiedlichen Ausrichtungen und Winkel sei in der Vermeidung frontaler Treffer zu suchen, bietet keine hinreichende Begründung der spezifischen Kompliziertheit der Form. Eine plausible Herleitung liefert indes die Ergänzung des Grundrisses der bestehenden Anlage um die im Traktat dargestellten nicht ausgeführten Partien (fig. 18): die Ausrichtung des *mastio* schräg zur Achse der ausgeführten Festung und die Anlage der Faltungen sind so gewählt, daß alle vorgelagerten Teile, *rivellini*, *mezzaluna*, Wohnbau, Hof und Westturm, von ihm aus kontrolliert werden können, das heißt: von verschiedenen Seiten aus bombardiert. Das Konzept ähnelt dem von Cagli, bloß ist die Aufgabenstellung hier in Mondavio anspruchsvoller, erweitert um die Kontrolle des Zugangs.

Komplizierter liegt der Fall der formalen Ungereimtheiten, also den Paralogismen der Gestalt. Zwar kann hier von Willkür nur bedingt gesprochen werden, folgt doch eines aus dem anderen und läßt sich alles zusammen zurückführen auf eine Inkongruenz der Grundrißform der Basis mit der des ›Halses‹ oder Turmschafts. Doch gerade diese stellt vor einige Rätsel. Schon die Planung der sich hieraus ergebenden Windschiefen bringt mannigfache Probleme mit sich, und ihre Ausführung ist um einiges schwieriger als die von ebenen Flächen.

Sieht man einmal von der Vermutung ab, Sinn und Zweck der Windschiefen sei es, die Wirkung der Geschosse abzuschwächen,[62] so ist ein Vorteil für die Festung nicht ohne weiteres auszumachen; allenfalls ließen sich topographische Nachteile, also etwa eine nicht ausreichende Grundfläche, durch einen steileren Böschungswinkel ausgleichen, doch gibt die Umgebung der *rocca* keinerlei Anlaß zu solcher Spekulation. Zudem wäre es ein leichtes gewesen, das Obergeschoß, das ja keiner regelmäßigen geometrischen Figur verpflichtet zu sein scheint, an der Geometrie der Basis auszurichten und so die Konflikte der Form zu vermeiden.

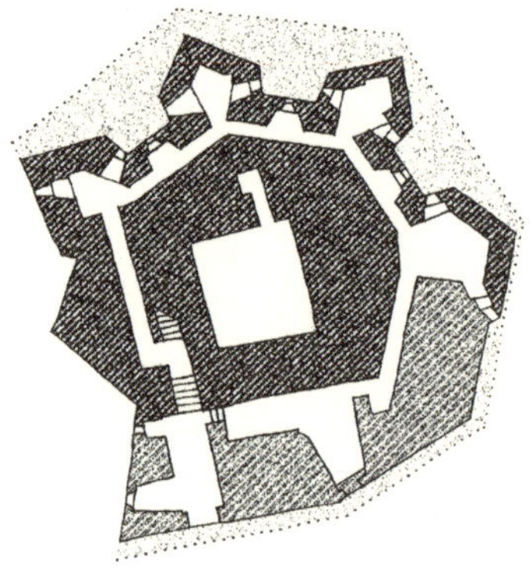

für die hell schraffierten Partien ist eine schlüssige Hypothese nicht möglich

fig. 22
Mondavio, *rocca roveresca*, erster Zustand des *mastio* nach Buratti und Palloni 2006

Vom Standpunkt des Geometrisch-Architektonischen aus betrachtet macht das Ganze einen etwas desolaten Eindruck, gerade so, als ob bei nur ungefährer Vorstellung von der Gestalt im Laufe der Erstellung immer wieder herumgebastelt worden sei, nicht im Sinne einer architektonischen Planung, sondern ähnlich der Arbeit eines Bildhauers, der seine Skulptur allmählich aus Ton aufbaut und so im Laufe des Prozesses erst zur präzisen Form findet – eines Prozesses, dessen Spuren dann dem Endgültigen eingeschrieben sind.

Freilich kann es so nicht gewesen sein – doch mag in einer solchen bildhauerischen Vorgehensweise, wie sie die ungewöhnliche Plastizität von Francescos Skulptur für einen Augenblick in Erwägung ziehen läßt, ein Hinweis zur Entschlüsselung der Form liegen. Betrachten wir nämlich den Erdgeschoßgrundriß des *mastio*, so finden wir hier Hinweise auf seine Baugeschichte und in diesen Ansatzpunkte für den Versuch, die Gestalt zu begreifen. An dem großen, annähernd rechteckigen Raum in der Mitte lassen sich Lage, Größe und Form

62 Wenigstens zwei Gründe sprechen gegen diese Annahme. Zum einen ist die Abweichung von der planen Fläche sehr gering, und es wäre zweifellos sinnvoller gewesen, den Sockel enger und deutlicher gefaltet auszuführen, wie dies etwa bei der *Torre di San Giorgio* und der *Torre del Beverello* des *Castel Nuovo* in Neapel der Fall war – an dieser Anlage war Francesco wesentlich beteiligt –; zum anderen hätten derartige Überlegungen Francescos zweifellos zumindest in den späten Fassungen seines Traktats Spuren hinterlassen.

des frühesten Baus ablesen, von dem wir Kenntnis haben, eines mittelalterlichen Turms,[63] der den Kern des frühneuzeitlichen *mastio* bildet und also dessen Position bestimmte. Dieser Kernbau wurde gegen Ende des 15. Jahrhunderts beträchtlich erweitert und, wie wir Grund anzunehmen haben, von Francesco di Giorgio in zwei Stufen in seine heutige Gestalt gebracht.

Grabenverteidigung angelegt und im kleinen Maßstab die Fünfeckbastion in Form und Funktionsweise antizipierend, sprechen dafür, Francesco als Urheber auch dieser ersten Erweiterungsphase anzunehmen, sind sie doch, wie er betont, seine eigene Erfindung; er nennt sie *capannati* und beschreibt sie in den späten Fasssungen der Traktate ausführlich.[65]

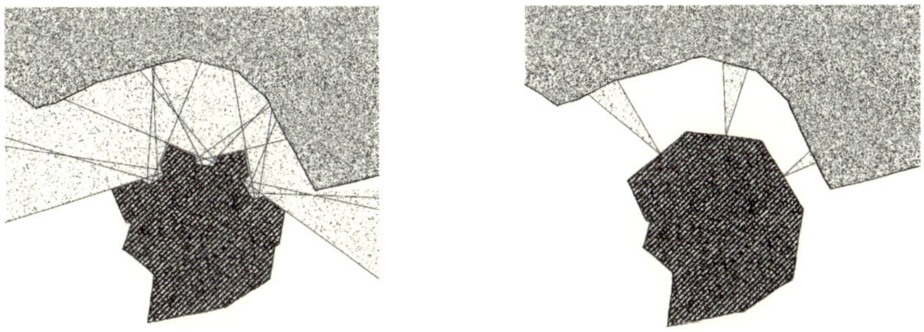

fig. 23
Mondavio, *rocca roveresca*: erstes und zweites Konzept der Grabenverteidigung vom *mastio* aus

Ein ringförmig umlaufender Korridor erschließt verschiedene und unterschiedlich geformte Einrichtungen. Auf der dem Graben zugewandten Seite fallen mehrere Räume auf, die wie mit Schießscharten versehene Stellungen gebildet sind, jedoch im Mauerwerk enden und keine Verbindung nach außen haben. Bis an die Außenflächen durchgeführt sind hingegen dazwischenliegende schmale, langgestreckte Räume, deren Erschließungen vom Korridor aus wie Schießscharten gebildet sind. Dies läßt annehmen, es handle sich um die Überbleibsel einer ersten Erweiterungsphase des mittelalterlichen Kerns, deren Einrichtungen dann in einer zweiten teils in das neue Konzept übernommen, teils jeglicher Funktion beraubt einfach belassen worden seien. Die Grundrißformen der Stellungen sowie die Anlage der Schießscharten erlauben genaue Rückschlüsse auf den ersten Turm Francescos.[64] So lassen sich Fragmente eines Kernbaus mit polygonalem Grundriß und im Sockelbereich leicht geböschten Mauern rekonstruieren, dem an den Ecken Kaponnieren vorgelagert waren – vier lassen sich ausmachen, dem Graben zugewandt [1-3]. Diese Kaponnieren, zum Zweck der

Der Ergänzung dieses Fragments zum geschlossenen und einigermaßen regelmäßigen Achteck, das uns den von Francesco im Traktat beschriebenen *torre a otto facce* bescheren würde, widerspricht allerdings die Südseite [4-7]; geht man von der wahrscheinlichen Annahme aus, die Innenräume des Erdgeschosses seien in ihren Grundzügen Bestandteil von Francescos erster Intervention, so ist eine regelmäßige, symmetrische Form des Erdgeschoßgrundrisses auszuschließen. Der Turm muß der Landschaft zu von Anfang an eine breitere Basis besessen haben – seine innere Struktur aus Geschützstellungen, *soccorso*, Erschließungsgang sowie einigen nicht schlüssig zu erklärenden Hohlräumen läßt die Annahme einer Umgestaltung aus einer der Ostseite ähnlichen Konstellation nicht zu. Kaponnieren können hier nicht angelegt gewesen sein, zumal auch für eine solche Grabenwehr auf dieser Seite gar keine Notwendigkeit bestand, da der Schutz durch den projektierten Westturm gewährleistet gewesen wäre.

So ist also bereits bei Francescos erstem Projekt zumindest für den Unterbau von einer asymmetrischen Form auszugehen, die sich durch die Asymmetrie der

63 Erwähnt in einem Dokument aus dem Jahr 1396 in Zusammenhang mit Instandhaltungsarbeiten an der Stadtbefestigung (Buratti, Palloni 2006, 253).

64 Vgl. hierzu Buratti und Palloni 2006, 234ff.

65 Codices Magliabechiano 54v, 55; Senese 25, 25v (Maltese II, 439ff. & tav. 249).

Bedrohung legitimiert. Von der Stadt her und vom Graben aus [1-3] stellt die Artillerie keine Bedrohung dar, weshalb die Turmwände hier, abgesehen von einer leichten Böschung im Sockelbereich, senkrecht ausgeführt werden können, und gegen Operationen aus der Nähe bieten die Kaponnieren Schutz. Aus der Gegenrichtung [4-6] jedoch geht von Kanonen die Hauptgefahr aus, weshalb hier die Mauern verstärkt und mit hochgezogenen Böschungen ausgeführt waren. Die im Uhrzeigersinn gesehen letzte, deutlich asymmetrische Kaponniere [3/4] bildete demnach den Übergang zu den geböschten, vorgezogenen Mauersegmenten. Daß eine solche Inkonsistenz der Gestalt, an mittelalterliche Schnabeltürme erinnernd, für Francesco im Bereich des Möglichen liegt, zeigen mehrere Zeichnungen in den Traktaten, so etwa eines Turms im Codex Magliabechiano (fig. 9), oder einer Festungsanlage mit polygonalem *mastio*, nicht unähnlich dem in Mondavio, mit der Festung zu senkrechten, nach außen aber deutlich geböschten Wandflächen.[66]

Im oberen Teil des Turms trat, wie bei den meisten der im Traktat festgehaltenen Projekte, der prismatische Schaft zutage, den man sich als ein annähernd regelmäßiges Achteck denken kann. Manches spricht für die Annahme, dieser sei bereits weit gediehen oder sogar vollendet gewesen, als Francesco das Projekt einer gründlichen Überarbeitung unterzog, und es sei in einem Teil der senkrechten Wandpartien, also dem, was oben als ›Hals‹ bezeichnet wurde, sein erster Bau noch erkennbar – tatsächlich läßt sich das hypothetische Oktagon des Turmschafts mit den regelmäßigen Seiten des ›Halses‹ einigermaßen zur Deckung bringen. Das bereits Ausgeführte ließ sich dann auf recht unkomplizierte Weise modifizieren: geht man davon aus, die der Stadt zugewandte Seite des Turms habe ziemlich genau dem entsprochen, was Francesco auf Blatt 76v des Codex Magliabechiano darstellt, so wurden nun aus den Spitzen der Kaponnieren die Eckpunkte der neuen Grundrißfigur, die Räume zwischen ihnen ließen sich einfach auffüllen und zu weit hochgezogenen geböschten Wandflächen schließen. In Kauf genommen werden mußten dabei gravierende Einschnitte bei der Grabenverteidigung, denn mit den wenigen jetzt noch vorhandenen Schießscharten und deren stark eingeschränktem Schußfeld läßt sich diese nur noch unzureichend bewerkstelligen.

Auch die Südwestseite dürfte im Zuge dieser Maßnahmen verstärkt worden sein. Wäre indes die Verbreiterung der Basis hier überall in gleichem Umfang erfolgt, hätte dies das Schußfeld vom geplanten Westturm aus beschnitten und so den Flankenschutz an einer kritischen Stelle [5] deutlich beeinträchtigt – weder von der Festung noch von der Stadtmauer aus wäre diese Seite einzusehen, geschweige denn zu treffen gewesen, und ein Angreifer hätte im toten Raum ungestört operieren können. Die einfachste Erklärung für

fig. 24
FRANCESCO DI GIORGIO MARTINI, Festung
Codex Magliabechiano f. 76v

66 Codex Torinese Saluzziano 148 f5 (Maltese I, tav. 5).

die Windschiefen liegt hier: nur durch die steilere Ausführung der entsprechenden Kante [5/6] konnte die Bestreichung der gesamten Fläche um den *mastio* herum gewährleistet werden – immer unter der Annahme, die Festung wäre im gesamten von Francesco vorgesehenen Umfang ausgeführt worden.

Grundzügen eine Erklärung für das Zustandekommen der Auffälligkeiten des *mastio* an – als gesichert kann angenommen werden, daß Francesco seine erste Version des Turms, schon sie die Erweiterung eines im Kern noch auszumachenden mittelalterlichen Vorgängerbaus, nun selbst mit einer Ummantelung ausstaffierte.

fig. 25
FRANCESCO DI GIORGIO MARTINI, Festung
Codex Torinese Saluzziano 148 f. 5

Spekulieren wir über die Gründe, die dazu führten, den *mastio* in solch aufwendiger Weise zu verstärken und dabei auf die zuvor sorgfältig ausgearbeitete Grabenverteidigung praktisch zu verzichten – Gründe, die also schwerwiegend gewesen sein müssen –, so wäre hier eine ursprünglich vielleicht nicht richtig eingeschätzte Gefährdung der zu schwachen Außenwände des umlaufenden Korridors auf der Grabenseite, die zwar nicht durch Beschuß, wohl aber durch Minen bedroht waren, in betracht zu ziehen, durch die die Funktionsfähigkeit des gesamten *mastio* infrage gestellt wurde. Außerdem könnte die Einführung kleinerer, beweglicherer Kanonen, die mit eisernen Kugeln den präziseren und dadurch viel wirksameren Beschuß des Mauerfußes erlaubten, vor allem für die der Landschaft zu gerichteten Flanken eine Rolle gespielt haben.

Mit den Hypothesen zur Entwicklung von Francescos *mastio* in Mondavio ist es wie mit dem Abschlagen der Köpfe der Hydra: meint man, eine Ungereimtheit aus der Welt geschafft zu haben, tut sich eine ganze Reihe neuer auf. Doch wenn sich auch durch das hier Vorgebrachte noch längst kein in sich widerspruchsfreies Modell der Absichten und Entwicklungsstufen herstellen läßt, so deutet sich doch zumindest in den

In dieser schrittweisen Ergänzung des mittelalterlichen Kernbaus schleicht sich, in der Verfahrensweise des Architekten, das Arbeiten des aus Ton aufbauenden Bildhauers wieder ein. Denn Vergleichbares geschah hier: der *mastio* entstand in mehreren Schichten, die Formfindung fand allmählich, in umhüllendem Erweitern statt, der Entstehungsprozess hinterließ seine prägenden Spuren in der sichtbaren Gestalt, und das Ursprüngliche erhielt sich, verborgen, doch bestimmend, und sei es bloß als Frage, im Endgültigen.

Freilich ist es hier kein prometheisches Kneten. Doch liegt im Verfahren der Formfindung, das sich für einen Augenblick dem des Bildhauers annähert, der Francesco ja auch war, der Schlüssel zum Verständnis der eigentümlich skulpturalen Anmutung, die den *mastio* in Mondavio auszeichnet, mehr als alle anderen Festungsbauten Francescos. Daß jene es auf diesem Gebiet auch zu Beachtlichem bringen – man denke etwa an die gänzlich atektonische schwellende Körperhaftigkeit Sassocorvaros oder die kristallinische Logik des *rivellino* von Costacciaro – hilft, einen Einwand aus dem Feld zu schlagen, daß nämlich die Gestalt in ihrer skulpturalen Komplexität und Organizität ja garnicht vom Architekten ursprünglich intendiert, sondern ein Kind des

Zufalls, gewissermaßen eine attraktive Mißgeburt sei, geschuldet den Kalamitäten einer widersprüchlichen Entstehungsgeschichte und daher bloß mehr schlecht als recht zusammengewurstelt. Hier muß einer häufig an Francesco gerühmten Eigenschaft gedacht werden, nämlich seiner Fähigkeit, schwierige Vorgaben, Halbfertiges, Vorgegebenes und Vorgefundenes mit Eigenem zum schlüssigen Ganzen zusammenzuschließen, es ineinander aufgehen zu lassen und die Konsistenz, das Ziel des ästhetischen Verfahrens, gegebenenfalls auch durch die Festschreibung von Widersprüchlichem, der Betonung von Paralogismen zu erreichen. Nicht unterschätzt sei die Neigung zum lustvollen Spiel mit dem Vielfältigen, dem der Zwang zur Regelmäßigkeit im allgemeinen enge Grenzen setzt, der man jedoch, legitimiert durch die Sachzwänge einer schwierigen Aufgabe, in einer technischen Notlage gewissermaßen, bereitwillig die Zügel schießen lassen kann.

Die Zwänge, die sich in der Folge der Notwendigkeit der Umarbeitung des Projekts einstellten, mögen dem Architekten in mancher Hinsicht eine ärgerliche Zumutung gewesen sein, in anderer jedoch Befreiung von Beschränkungen und Lizenz zur Entfaltung eines lust- und phantasievollen Spiels mit den Grenzen des Architektonischen.

DIE FESTUNG UND DAS ZEICHEN

Hier gilt es nun, das Augenmerk auf den anderen Aspekt zu richten, der unsere Betrachtung leitet, nämlich die Zeichenfunktion der Fortifikationsbauten Francescos. Hier ist davon auszugehen, daß es darum ging, die funktionalen Defizite – Defizite, die wohl zur Entstehungszeit noch nicht exakt zu analysieren, die im Rahmen des Vorstellbaren auch nicht zu beheben waren – wenigstens teilweise auszugleichen und aufzuwiegen durch die Präzision, mit der die Bauwerke als Zeichen aufgefaßt und entwickelt wurden. Am Beispiel der *rocca* von Mondavio läßt sich dies am deutlichsten vor Augen führen, erlaubt sie doch die beste Einschätzung der technischen Entwicklung bei den ausgereiften Konzepten Francescos. So zeichnet sich ab, daß der Signifikanz der Bauten keine geringere Aufmerksamkeit geschenkt wurde als ihrer technischen Funktionsfähigkeit – ja, daß sie auf der Ebene des Zeichens zweifellos besser funktionieren, als in artilleristischen Belangen, und effektiver als die Werke nicht nur der Zeitgenossen, sondern, in gewissem Sinne, auch der Nachfolger. Diese indes hatten, nach 1527, die technischen Fragen grundsätzlich gelöst, sodaß von nun an die Signifikanz unter ganz anderen Aspekten zu betrachten ist und, um ihren Zweck erfüllen zu können, den Verweis auf den neugefundenen erfolgreichen Typ zum Ziel haben muß. Bei Francesco ist der Erfolg des Zeichens jedoch von einer ganz spezifischen Konstellation aus Unbestimmtheit und Befremdung auf der einen Seite und Genauigkeit auf der anderen abhängig.

Vergegenwärtigen wir uns noch einmal die Ausgangslage: Die Fortifikationsarchitektur ist aller brauchbaren Vorbilder verlustig gegangen; die alten Modelle sind allesamt nutzlos, ihre Bedeutung als Zeichen hat sich ins Gegenteil verkehrt, und es gilt nun, nicht nur die Funktionsweise von der Wurzel auf neu zu erdenken – was zu Lebzeiten Francescos nicht überzeugend gelingt –, sondern es muß sich auch die Erscheinung radikal ändern, ohne daß neue technische Funktionsweisen hierfür eine verläßliche Leitlinie anzubieten hätten. Ziehen wir eine anachronistische Trennlinie zwischen dem Denken des Ingenieurs und dem des Architekten – eine Unterscheidung, die dem *quattrocento* in der uns heute selbstverständlichen Trennschärfe nicht möglich war –,[67] so sind die technisch-funktionalen Aspekte dem Bereich des ersteren, die der ästhetischen Signifikanz hingegen letzterem zuzuschlagen. Der Übergang zur Fortifikationsarchitektur des 16. Jahrhunderts markiert wie nichts anderes die Aufspaltung: Sanmichelis Stadttore von Verona sind in ihrem grandiosen Manierismus schmückende, selbst geschmückte Zutaten im Sinne einer Dekoration (*ornamentum* nach Albertis Terminologie) der ansonsten ganz und gar technisch-funktional, also ingenieurhaft aufgefaßten Anlage, Zeichen zwar auch, doch emblematisch, ikonographisch.

Francescos Festungen in den Marken, zeichenhaft wie weniges andere, haben hingegen, auf ihre Ikonographie hin untersucht, keine genau zu fassende Bedeutung. Sie scheinen, auf eine merkwürdige und eigentümliche Weise, der analytischen Lesbarkeit entzogen. Ihre martialische Aura, so unanzweifelbar sie sein mag, verweigert sich einer genauen Bestimmung, bleibt im Ungefähren. Auch als Zeichen erweisen sie so ihr Gegründetsein im Organischen, Unzerlegbaren: sie sind, in ihren reinsten Ausprägungen – Sassocorvaro, Costacciaro, Cagli, Mondavio – monumentale Zeichen, Zeichen an und für sich, und außerhalb dieser spezifischen auf das Ganze bezogenen Zeichenhaftigkeit frei von Ikonographie.

Indes besitzen Francescos Bauzeichen zwar in ihrem exklusiven Grenzbezirk der Architektur durchaus Züge

67 Die Bestrebungen der heroischen Moderne des 20. Jahrhunderts, die Trennung aufzuheben und das Tun des Architekten als das eines Ingenieurs aufzufassen, sind wohl eher polemische Konstruktionen unter einem etwas fadenscheinigen Deckmantel des Analytischen.

der abstrakten Präzision und gleichzeitigen Unbestimmtheit des rein Skulpturalen, doch beeinträchtigt dies keinesfalls die Explizitheit der Bindung an ihren Zweck, und es macht gerade diese Befremdung ihre Funktion als Zeichen innerhalb des spezifischen Aufgabenfelds wirklich brauchbar.

dem Operationstisch der architektonischen Morphologie auszumachen. Daß er sich, historisch betrachtet, auf Holzwegen, ja in Sackgassen bewegt, liegt im Wesen des Vorläufigen seiner Sache. Auf der anderen Seite verlangt die Aufgabe nach präziser Signifikanz, und die Betrachtung der Festungen in den Marken läßt keinen

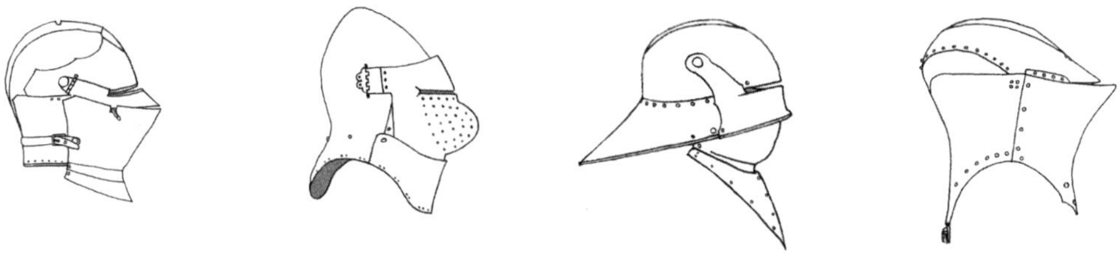

fig. 26
Vier Helmtypen des 15. Jahrhunderts:
Armet, Grand Bacinet, Schaller, Stechhelm
(nach Kühnel 1992)

Francescos Leistung ist es, seine Festungen als zeichenhafte Gebilde imaginiert und entwickelt zu haben, ohne daß ihm ein verläßlicher, belastbarer Kanon architektonischer Modelle zur Verfügung gestanden hätte, d. h. im Bereich einer allenfalls äußerst diffusen typologischen Bindung. In genau diesem Sinne sind sie monumental aufzufassen – sie bedürfen, um als Bauwerk bestehen zu können, dieser Monumentalität, weil ihre technische Unzulänglichkeit sich nur durch eine solche semantische Umkehroperation kompensieren läßt: nur die radikale Monumentalität des Zeichens vermag, bei einer Bauaufgabe, die ihrem Wesen nach nicht anders als technisch-funktional legitimiert sein kann, das Desiderat eines aus seiner Funktion geborenen und auf diese verweisenden Typus zu ersetzen. Die Funktion des Zeichens, das die Festung ist, ist es also, die mangelnde Funktionsfähigkeit zu kompensieren. Dies zu erzielen bedient Francesco sich des Unbestimmten, Unbestimmbaren des Phantastischen – so vermuten wir, eingedenk der Tatsache, daß es uns verwehrt bleiben muß, die Nuancierungen von Gegebenheiten, von denen uns mehr als ein halbes Jahrtausend trennt, je anders als durch eine Spiegelung unserer selbst in Exotismen stiftender Distanz zur Kenntnis nehmen zu können. In diesem Phantastischen vermeinen wir, als das Ziel von Francescos typologischen und semiologischen Unternehmungen, das Befremdliche als ein denkwürdiges Zusammentreffen von Funktionalität und Ästhetik auf

Zweifel daran, daß es ihm gelang, die Bauten, ungeachtet ihrer Vielgestaltigkeit, allesamt zu Ikonen des Martialischen zu bilden.

Doch ist ein Gegenstand als Zeichen nicht von Grund auf neu zu erfinden. Um zu mehr als einem Zeichen bloß für das Unverständliche zu taugen, bedarf das Objekt des Bezugs zu einer Geschichte, das heißt, eines tradierten Kontexts, innerhalb dessen es auf etwas zu verweisen in der Lage ist. Francesco bedient sich hier, mit semantischer Eleganz und präziser Formsicherheit, der Elemente und der Formensprache einer architektonisch unbelasteten, jedoch hochentwickelten, wie nichts anderes mit Martialischem, Wehrhaftem zu assoziierenden benachbarten Kunstform, die mit der Architektur die Nähe zu dem gemeinsam hat, das wir als das Feld der freien Plastik bezeichnen würden, nämlich der Plattnerei. Diese, auf Zeichenhaftigkeit ausgerichtet wie wenig anderes, hatte, angeführt von der Mailänder Familie Missaglia, in der ersten Hälfte des *quattrocento* den Typ des italienischen Harnischs entwickelt, monumental, bar jeden Ornaments, »mit seinen großangelegten wuchtigen Formen den Eindruck eminenter Sachlichkeit vermittelnd […].«[68]

Die hochentwickelte, äußerst präzise Formensprache der Rüstung bewahrt ungeschmälert ihre Wirkung noch Jahrhunderte nach deren Aussterben – denkt man etwa an archaische griechische Panzer und Helme gar Jahrtausende[69] –, ungeachtet sie mit keinerlei praktischer

68 Peter Krenn in: Kühnel 1992, lxxvii.

69 Hier wäre stellvertretend für eine Flut von Adaptionen der Rüstung in SF- und Fantasy-Filmen und in Comics an Kostüm und Maske des ikonischen Darth Vader in George Lucas' *Star Wars* aus dem Jahr 1977 zu denken, auch an die bekannte Darstellung Hitlers als Ritter in schimmernder Rüstung, die, ungeachtet sie die Dimensionen des Lächerlichen auszuloten scheint, wohl dennoch ganz ernst gemeint war.

Nutzung mehr in Verbindung zu bringen ist. Wir können kaum umhin, in ihr den Abdruck eines tief verwurzelten kulturanthropologischen Ästhetikmodells zu vermuten: die prägnante Ausformung der Ästhetik einer anthropomorphen *terribilità*, die nicht ohne die Nähe zur kultischen Maske gedacht werden kann. Die ausgeprägte, ganz eigenständige Formenwelt der Rüstung ist von solcher Eindrücklichkeit, daß Objekte, die sie evozieren, eine wirkungsmächtige martialische Aura zu entwickeln vermögen. Dies nicht im Sinne eines rhetorischen ikonographischen Bezugs, der sich eines Begriffs als Medium bedient, um seine Aussage zu vermitteln, wie dies bei den eingangs erwähnten Beispielen für Übernahmen aus der Architektur fremden Formenarsenalen durch eine simple Verschiebung des Maßstabs der Fall ist, sondern durch eine unmittelbare Anmutung, die nicht mit dem Zitieren konkreter Objekte, sondern mit dem Bezug auf einen im verwandten Kontext etablierten ästhetischen Kanon operiert. Francesco baut also nicht eine Festung in der Gestalt etwa eines ins Riesenhafte vergrößerten Helms im Sinne einer rhetorischen *architecture parlante*, sondern er bedient sich abstrahierter allgemeiner Formprinzipien, die für die Rüstungen des *quattrocento* kennzeichnend sind. So sind seine Bauten keinesfalls Darstellungen – die *rocca* in Sassocorvaro imitiert nicht die Form eines Bacinet oder eines Schallers, sondern zeigt eine ›fließende‹ organische Gestalt, wie sie diesen eigen ist, die asymmetrischen Windschiefen des *mastio* in Mondavio haben ihre Parallelen in den Mailänder Brustpanzern, ohne diese darstellen zu wollen, und seine Gesamtform läßt eine Nähe zum Stechhelm erkennen, ohne daß indes von einem Zitat gesprochen werden könnte.

Francesco zielt auf eine Anmutung ab, auf Bildhaftigkeit, nicht auf Abbildung – gerade den Eindruck des Abbildens und die Pointe der Identifizierung eines Abgebildeten gilt es ja im Hinblick auf die beabsichtigte Wirkung eines genuinen, dem Objekt selbst wesenhaft eigenen Martialischen unbedingt zu vermeiden.

Diese eigentümliche Bildhaftigkeit jenseits der Abbildung ist ein Sonderweg der Architekturgeschichte. Mag sie aus der Not geboren sein – aus der der besonderen Situation, daß hier für eine Bauaufgabe kein Typ vorhanden war, auf den sie hätte bezogen werden können, daß gar jede Bezugnahme auf einen Typus Ziel und Zweck unterlaufen hätte, und daß darüberhinaus eine zufriedenstellende technische Bewältigung der Aufgabe noch nicht abzusehen war, es jedoch galt, eine solche durch die ästhetischen Mittel des Bauwerks zu implizieren –, und mag ihr kein nennenswertes Nachleben beschieden gewesen sein – Sanmicheli zerhieb mit seiner Neuinterpretation des Fortifikationsbaus aus dem Geist des Ingenieurs 1527 den Gordischen Knoten und zwang der zukünftigen Entwicklung eine andere Richtung auf, abseits der pathetischen, monumentalen Strategien, die man ihrem Wesen nach als ›architektonisch‹ bezeichnen könnte,[70] – so gelingt es Francesco doch, oder gerade deswegen, den Festungsbau zu einer eigenen Kunstform zu entwickeln, mit einem, wie wir zu erkennen glauben, seinen Bauten eigentümlichen ästhetischen Anspruch, der uns dazu zwingt – oder es uns ermöglicht –, sie als Kunstwerke wahrzunehmen.[71] Dies nicht zuletzt, weil seine Festungen sich dadurch auszeichnen, daß sie schön sind – nicht durch Bautenzier mit einer Zugabe von Schönem versehen, sondern aus ihrem Wesen heraus schön gedacht: eine unverwechselbare Ästhetik der *terribilità*, ein monumentales Schönes, das nicht Akzidens, sondern Substanz des Werks ist, vom Gegenstand nicht zu trennen.

Es ist die besondere, quasi avantgardistische Situation im dem Experiment zugeneigten urbinatischen Umfeld, und es sind die spezifischen Bedingungen, die Unsicherheiten und Unbestimmtheiten des Festungsbaus im letzten Drittel des 15. Jahrhunderts, die es Francesco gestatten, den eng gesteckten Rahmen der architektonischen Konvention – der auch die konventionelle Architekturentwicklung einschließt – zu verlassen und sich einen Bereich zu Eigen zu machen, der ihm die Möglichkeit bot, an den Randbezirken des Architektonischen dessen Grenze anzugreifen. In der spekulativen Freiheit dieses plastischen Raums vermochte sich sein Genie zu entfalten, und vielleicht nur hier.

70 Eine Unterscheidung zwischen der Kunst des Ingenieurs und der des Architekten ist indes für das *quattrocento* allenfalls im Hinblick auf Tendenzen zu treffen. Fischer äußert sich (1996, 52) in seinem Buch über Specklin recht abfällig über den Wert architektonischer Ansätze im Festungsbau – im Gegensatz zu denen der Ingenieure des 16. Jahrhunderts – und schreibt über die italienische Entwicklung der Jahre vor 1500: »Auch die Architekten mit ihrer künstlerischen Begabung und dem aus Vitruv geschöpften Wissen waren den neuen militärischen Aufgaben nicht gewachsen, obwohl die größten unter ihnen sich zunächst damit befaßten. [...] Ihre Werke hatten mehr monumentalen, rein architektonischen Charakter.« Auf Francesco trifft dies indes nur eingeschränkt zu, fand doch seine Tätigkeit zunächst auf einem dem Ingenieur vorbehaltenen Feld statt, nämlich dem Bau von Wasserleitungen, und setzt sein architektonisches Werk im engeren Sinn erst später ein, als er, wohl um 1477, die Nachfolge Lauranas in Urbino antritt. Einen Zug zum Ingenieurhaften vermeinen wir als Kennzeichen seines architektonischen Denkens zeitlebens ausmachen zu können.

71 Weller deutet dies an (1943, 209): »Yet, as works of art, the fortresses have a style of their own [...].« Er verfehlt indes das Eigentümliche von Francescos skulpturalen Konzepten, wenn er schreibt (a.a.O., 208 f.): »Francesco's *rocche* possess, quite aside from their military uses, a type of beauty which is akin to the functional beauty of certain modern industrial buildings.«

fig. 27
Urbino, Palazzo Ducale, *studiolo*, Ostwand (Ausschnitt)
Intarsien mit der Darstellung der Rüstung Federicos da Montefeltro

OLAF METZEL, *Velodromo*
Fortezza di Montalcino, 1998

STEIN LASS SEIN!

Olaf Metzel

»DER STEINWURF als plastische Handlung« war der Titel eines Interviews, das ich 1990 geführt hatte.[1] Natürlich ging es um Radikalität, aber auch darum, wie es ist, wenn man einen Stein ins Wasser wirft, und die Wellen ein paar Kreise ziehen. Oder wenn man als Kind, mit einem Stein in der Hand, an den Häusern entlang eine Linie zieht. Handlungen, die vielleicht gar nichts zu sagen, sondern erstmal mit Motorik zu tun haben. Wie bei Krazy Kat, die von Ignatz Mouse mit ermüdender Regelmäßigkeit einen Ziegelstein an den Kopf geworfen bekommt und dies für einen Liebesbeweis hält. Es sind sich wiederholende Motive, die zur Bildmetapher taugen, aber am anderen Ende der Skala sitzt das »Unsichtbare Komitee« mit dem »kommenden Aufstand«. Ein Buch, das folgendermaßen beginnt: »Die Gegenwart ist aussichtslos, und denen, die unbedingt hoffen wollen, raubt sie jeden Halt. Diejenigen, die vorgeben, Lösungen zu besitzen, werden auf der Stelle widerlegt. Es besteht Einverständnis, das alles nur noch schlimmer werden kann. Das Künftige hat keine Zukunft mehr.«[2]

Anti, pseudo, gegen, außer? Damals, dann und heute? Stein laß sein, Stein muß sein. Alle Sprüche haben etwas Wahres. Aber was bleibt?

Erwähnt man im Gespräch den Namen Francesco di Giorgio Martini, erntet man oft fragende Blicke. »Wie heißt der? War das nicht der, der ...?« Am Häufigsten aber – sehr ehrlich – »nie gehört«. So oder so ähnlich sind die meisten Reaktionen. Ich will im Folgenden weder einen polemischen Ausflug oder ein politisches Traktat verfassen, sondern es soll um Haltungen gehen, über Macht, Behauptung und das Gegenteil.

Und wie es sich verhält, seiner Zeit voraus zu sein.

AUS DER TOSKANA kommend, bin ich 1993 zum ersten Mal in die Marken gefahren. Die Landschaft dort verbindet man auf den ersten Blick nicht all zu sehr mit dem klassischen Italienbild. Wenn es so etwas wie ein visuelles Tagebuch gibt, erinnert man sich im Vorbeifahren flüchtig an Bauwerke, Städte, Dörfer, die man vermeintlich schon mal gesehen hat. War es die Topografie, waren es einige Festungsbauten? Jedenfalls fielen mir Anlagen auf, die man so noch nicht gesehen hatte, oder doch? Wo war das, wann war das? Wer war das?

Meist sind es bruchstückhafte Erinnerungen, die man versucht zusammenzusetzen, was oft nicht wirklich gelingt.

ZUM ABSCHLUSS meines Studiums Ende der 70er Jahre hatte ich einen Text über das *sfumato* bei Donatello (1386-1466) verfaßt. Ich beschäftigte mich mit seinen Reliefs und dem damit verbunden *chiaroscuro*-Effekt, der räumlichen Darstellung unter Einbeziehung des Lichtes. Im Laufe meiner Recherche zu diesem Thema stieß ich auch auf Francesco di Giorgio Martini, eigentlich ein Architekt, der – so hieß es in der Kunstgeschichte – auch modelliert und gemalt hat. Bekannt sind hauptsächlich drei kleine Relieftafeln: *La discordia* (die Zwietracht), 1477-80, in zwei Versionen, eine im Victoria and Albert Museum in London, die andere im Palazzo Chigi-Saracini in Siena, die *Flagellazione* (Geißelung), ca. 1478, heute in der Galleria Nazionale dell' Umbria in Perugia, und die *Deposizione* (Kreuzabnahme) in S. Maria del Carmine in Venedig.

Wie diese Reliefs allerdings angelegt wurden, wie die imaginäre Räumlichkeit mit der Wirkung des seitlich

1 »Der Steinwurf als plastische Handlung«, Interview mit Ulf Erdmann Ziegler, in: die tageszeitung, 29.08.1990.

2 Unsichtbares Komitee, *Der kommende Aufstand*, Flugschrift, Hamburg, 2010.

einfallenden Lichtes verbunden wurde, war nicht nur faszinierend, es erzeugte eine unglaubliche Spannung, wie es sie so vorher nie gegeben hatte. Die Figuren sind mit einer Leichtigkeit modelliert, daß man fast den Eindruck von Flüchtigkeit bekommt, oder einer hingeworfenen Skizze. Nichts war durchgearbeitet wie bei

Hierzu fällt mir Marlon Brando ein, der meinte: »Wenn sie *action* rufen, heißt es noch lange nicht, das du etwas tun mußt.«

IN DEN BAUTEN ziehen sich verschiedenste Motive durch, die teilweise einen Wiedererkennungswert haben,

FRANCESCO DI GIORGIO MARTINI, *Flagellazione*
Bronze, 55,5 x 40,5 cm, Galleria Nazionale dell'Umbria, Perugia

Donatello oder anderen Bildhauern seiner Zeit. Jede Szene hatte trotzdem etwas Endgültiges, auch wenn man *prima vista* glauben konnte, es sei nur angedeutet. Malerisch leicht, fast impressionistisch, respektlos und von unglaublicher Frische.

Und das sollte ein Architekt sein?

DAS MOSAIK setzte sich in den Marken zusammen, als ich Bauten von Francesco di Giorgio Martini im Original gesehen hatte. Waren es *fortificazioni* oder doch Skulpturen? Ein Bildhauer, der auch Architekt war. Mal ganz abgesehen von den Traktaten, die er ebenfalls verfaßt hatte.

Könnte man bei der Signifikanz seiner »Architektur« im Außenraum auch von Land Art sprechen? Gerade auch vor dem Hintergrund ihrer Nichtfunktionalität?

Was bedeutet der Innenraum des Außenraums? Die Dialektik zwischen Einschüchterung und Schutzraum, wofür die Anlagen gedacht waren? Die Frage nach dem Betrachter, in jener Zeit die Bevölkerung oder die angreifenden Truppen? Dies vor dem Hintergrund eigener marodierender Soldaten, die meist gezwungen wurden, Kriegsdienst zu leisten. Deswegen glichen die Innenhöfe, wo sie sich aufhielten, oft Gefängnisanlagen.

aber dennoch in erster Linie die Auseinandersetzung mit der topografischen Lage beschreiben. Signifikante Wehranlagen, die funktonal gedacht waren, aber schon in ihrer Zeit den eigentlichen Zweck nicht mehr erfüllten. Es sind wiederkehrende Zeichen, fast möchte man meinen, Markenzeichen, wie es in der Architektur üblich ist, ebenso wie in der Kunst. Francesco di Giorgio Martini war eigentlich Künstler und Theoretiker.

Stilbildend war seine Herangehensweise, war sein Umgang mit der Zeit, mit den Orten als Setzung, die Variabilität, die Flexibilität der Bauten und die Fähigkeit der Improvisation, was sich vielleicht als *processo infinito* beschreiben läßt. In seiner Zeit gefragt, mit Aufträgen überhäuft, gestattete ihm dies einen souveränen Umgang mit den Bauherren. Zieht man Vergleiche zum Erscheinungsbild der aktuellen Architektur, sind wir sehr schnell bei der Eventarchitektur und beim Stadtmarketing. Städte wollen Zeichen haben, koste es, was es wolle. Es geht immer auch um den Bauherrn, um die Arroganz der Macht, um Monumente der Macht, ob in zentralistischen, feudalistischen oder demokratischen Systemen. Von »gegenseitiger ästhetischer Bereicherung« oder womöglich Respekt läßt sich hier nicht sprechen, denn oftmals sind es doch die Architekten, die sich solange verbiegen müssen, bis es dem Auftraggeber paßt. Gibt es hier einen Unterschied zu den Künstlern?

Daß eine Verteidigungsanlage zum Repräsentationsbau wird, ist unerheblich. Entscheidend ist, wie Francesco di Giorgio Martini sich dadurch frei gespielt und »sein Ding« durchgezogen hat. Auch wo der Wehrcharakter nicht im Vordergrund stand, war es doch die massive Präsenz und die Behauptung von Macht. Es gab immer einen formalen Abschluß, sodaß Repräsentation zur Abschreckung wurde. San Leo mit seiner strategischen Lage war gleichzeitig Festungsbau und Aufenthaltsort mit Blick, eine kühne Setzung, die die Landschaft beherrscht, politische Architektur. Folgerichtig wurde es von 1631 bis 1916 auch als Gefängnis genutzt. Heute ist es Museum und überrenoviert, sodaß nur noch die kühne Setzung beeindruckt und vom eigentlichen Anliegen wenig erfahrbar ist.

1998 WURDE ICH EINGELADEN, ein Projekt in der *Fortezza di Montalcino* zu realisieren. Auf dem Weg dorthin kam ich in Cagli vorbei. Wieder sah ich den ovalen Wehrturm. Bei der Fahrt über den Apennin mit endlosen Serpentinen fielen mir die Kolonnen von Radrennfahrern auf. Es war Sonntag, und man möchte fast meinen, jeder Italiener von 8 bis 80 – natürlich mit passendem Outfit – war mit dem Rennrad unterwegs. Ein beliebter Freizeitsport. Während ich immer wieder Radfahrern ausweichen mußte, erinnerte ich mich der ovalen Form des Turms. Warum nicht eine Radrennbahn (*velodromo*) in den Burghof integrieren? Eine spontane Assoziationskette – die Arbeit wurde ein großer Erfolg. Zur Einweihung kamen über 600 Radfahrer. Das Rennen nannte sich *Il Granfondo del Brunello* und wurde vom örtlichen Fahrradclub veranstaltet.

GEORGE HERRIMAN, *Krazy Kat*
8. September 1940

Zwei Jahre später habe ich die formale Grundstruktur eines Ovals in München Riem nochmals aufgenommen und gestreckt. Ein geschlossener Körper, der in der Mitte leicht zusammen gebogen ist, aus geflochtenen Stahlrosten besteht und über eine breit angelegtee Freitreppe ragt. *Nicht mit uns*, so der Titel.

Ausgangspunkt für die Skulptur *Auf Wiedersehen* 2006 in Nürnberg war natürlich die Geschichte des Hauptmarktes in Nürnberg. Während des Zweiten Weltkriegs war der »Schöne Brunnen« zum Schutz mit Betonplatten ummantelt. Eine Anregung, aber wie ich diese lösen sollte, war mir zu diesem Zeitpunkt noch nicht klar. Einige Zeit vorher hatte ich etliche Kohlezeichnungen vom Turm in Mondavio angefertigt [→ S. 112]. Mich hatte die Drehung interessiert, wenn man überhaupt von Drehung sprechen konnte. Vielleicht habe ich dies auch nur zeichnerisch übertrieben, jedenfalls schien mir das die Lösung für mein formales Problem in Nürnberg zu sein. Von da aus war es nur noch ein kleiner Schritt, dies am Computer zu überarbeiten, bis zum fertigen Bauplan weiterzuentwickeln und anschließend auszuführen.

BEI DEN ERWÄHNTEN Beispielen handelt es sich um Arbeiten im Außenraum. Was aber nicht heißt, daß Ähnliches nicht auch für Innenräume denkbar wäre.

Herausgestellt werden sollen, wenn auch im assoziativen Duktus, die vielfältigen Interpretationen und damit auch abstrakten skulpturalen Vorlagen, die Francesco di Giorgio Martini bietet. In jedem Fall sind die Bauten nicht nur Anregung, sie mit zeitgenössischen Situationen zu konfrontieren, sondern eine Möglichkeit, die Lesbarkeit darzustellen. Daß es sich dabei um Skulpturen handelt, verdeutlichen die Offenheit der Architektur und die vielfältigen Anlagen seines Urhebers. Damit sind auch die theoretischen Ansätze der Traktate angesprochen. Auch wenn es in erster Linie um Wehrtechnik geht, ist hier ein Verfasser gemeint, der in seiner Zeit und über diese hinaus Überlegungen anstellt, die es in dieser Form – mit Ausnahme von Leonardo oder Alberti – so nicht gegeben hat. Es geht hier nicht um Fachidiotentum, sondern um universales Denken, wie es heute kaum noch vorstellbar ist. Neue und andere Situationen zu denken, Neugier und das Finden von Lösungen, mit einem Wort: Genialität.

Einige Festungsanlagen waren so konstruiert, daß sie durch die Verteidiger selbst zerstört werden konnten, damit sie den Angreifern nicht in die Hände fielen. Auch eine Möglichkeit, nach vorne zu denken oder *autodestruction in art*? Jedenfalls ließe sich hier Bakunin anführen, der Zerstörung für einen kreativen Akt hielt.

VIELLEICHT WAR DAS WERK ungewollt wirklich revolutionär. War es Pop oder Gegenkultur? Ob Gebäude als Steinbrüche zweckentfremdet werden, Skulpturen vom Sockel gestürzt oder eingeschmolzen werden – etwas wird immer bleiben, in jedem Fall das Selbstbewußtsein, die Haltung, ob als Architekt oder Bildhauer. Zwei Berufe oder Berufungen? Wenn ich die Arbeiten von Künstlerkollegen sehe, denke ich, daß jeder einen anderen Beruf hat. Berührungsängste? Gibt es eine Trennung? Erfinder, Ingenieur, Architekt, Erfüllungsgehilfe? Ist es die Mischung? Gibt es keine Einheit? Die Frage hat sich damals nicht gestellt, erlaubt aber einen Verweis auf die Gegenwart.

STEIN MUSS SEIN, wenn er gut gesetzt ist.

TAV. I COSTACCIARO, RIVELLINO

TAV. 2 SASSOCORVARO, ROCCA UBALDESCA. ANSICHT VON SÜDOSTEN

TAV. 3 SASSOCORVARO, ROCCA UBALDESCA. ANSICHT VON NORDEN

TAV. 4 SASSOCORVARO, ROCCA UBALDESCA. ANSICHT VON SÜDOSTEN

TAV. 5 SASSOCORVARO, ROCCA UBALDESCA. ANSICHT VON SÜDEN

TAV. 6 SASSOCORVARO, ROCCA UBALDESCA. ANSICHT VON SÜDEN

TAV. 7 SASSOCORVARO, ROCCA UBALDESCA. ANSICHT VON NORDEN

TAV. 8 SASSOCORVARO, ROCCA UBALDESCA. INNENHOF

TAV. 9 SASSOCORVARO, ROCCA UBALDESCA. INNENHOF

TAV. 10 FOSSOMBRONE. RUINEN DER FESTUNG

TAV. II CAGLI. RESTE DER FESTUNG UND TORRIONE

TAV. 12 CAGLI, TORRIONE

TAV. 13 CAGLI, TORRIONE

TAV. 14 SAN LEO. ANSICHT VON WESTEN

TAV. 15 SAN LEO. ANSICHT VON NORDEN

TAV. 16 SAN LEO. ANSICHT VON SÜDEN

TAV. 17 URBANIA, PALAZZO DUCALE

TAV. 18 FRONTONE, ROCCA

TAV. 19 SANT'AGATA FELTRIA, ROCCA FREGOSO

TAV. 20 MONDAVIO UND DIE ROCCA ROVERESCA. ANSICHT VON WESTEN

TAV. 21 MONDAVIO, ROCCA ROVERESCA. ANSICHT DES MASTIO VON WESTEN

TAV. 22 MONDAVIO, ROCCA ROVERESCA. ANSICHT DES MASTIO VON NORDWESTEN

TAV. 23 MONDAVIO, ROCCA ROVERESCA, MASTIO

TAV. 24 MONDAVIO, ROCCA ROVERESCA, MASTIO

TAV. 25 MONDAVIO, ROCCA ROVERESCA. BLICK IN DEN GRABEN

TAV. 26 MONDAVIO, ROCCA ROVERESCA. BLICK VON DER PIAZZA

TAV. 27 MONDAVIO, ROCCA ROVERESCA. GESAMTANSICHT VON OSTEN

TAV. 28 TARANTO, CASTELLO ARAGONESE

TAV. 29 GALLIPOLI, CASTELLO ANGIOINO

TAV. 30 OTRANTO, PORTA ALFONSINA

FORM AS SIGN

To be sure, what was the thing itself here,
and what was its icon?

THOMAS MANN, Joseph in Egypt

I think, quoth my father, that the noble science of defence
has its weak sides, — as well as others.

LAURENCE STERNE, The Life and Opinions of Tristram Shandy

THE HISTORY OF ARCHITECTURE is a history of typology.[1] Both the genesis and the perception of each individual work are determined by their relation to typology. If we try to imagine buildings outside a typological context, we at once reach our limits, ending up in fantasy and science fiction movie phantasmagorias which, in spite of their strangeness, will in the end necessarily turn out to be mannerisms and exaggerations or perversions of something familiar. Perhaps it is in the very nature of typologies that to think outside them – if such a thing is even possible – can be accomplished only with difficulty. To perceive them is possible, though recognition will be limited: for instance, those who are not acquainted with at least the essential features of the building types of an unfamiliar religion might possibly not even be capable of identifying its buildings at all – although the strategy of observation will continue to be aimed at typological classification. Likewise, those who are not familiar with the finer points of typology are excluded from the game that consists of the comprehensive observation of imitations, differences, deviations, modifications and alienations, which actually makes it possible to understand, in a sense, architecture as a language.

For the most part, this game is self-referential: the elements with which it can be played are usually taken from architecture, and it is far more frequent for them to be quoted outside an architectonic context, because of their symbolic value, than for architecture to use material from an ›outside‹ source. Seldom (and generally because of its iconicity, which cannot be produced by ›purely‹ architectural means – or not produced with the desired precision) the boundary of the architectonic is crossed and outside metaphors are introduced: for instance, buildings in the form of ships in the first half of the 20th century are a very convenient way of demonstrating both the architect's and his client's modernity,[2] and the postmodern period enjoyed the iconic play-

1 On the term ›type‹ cf. Wundt 1920, 55f.: »Firstly, *type* refers to the simplest form in which a certain law of structure or of composition can be given. [...] Secondly, *type* means that form in which the characteristics of a series of related forms are most perfectly represented. [...] Thirdly, *type* sometimes has the added meaning of denoting only one formal characteristic that the members of a category or of several categories have in common.« — According to Dilthey, »in an aesthetic-poetological, i.e., a ›hermeneutical‹ context the term refers to an expression of something essential, characteristic, significant, which can be understood« (*Historisches Wörterbuch der Philosophie*, vol. 10, 1598). The latter is significant for architecture in that it refers to a communicative-aesthetic function. Whereas in philosophy and science the term is used analytically, in architecture and the arts it is understood strategically when it refers to production, while from the point of view of psychological aesthetics it is viewed as a condition of how the work communicates to the viewer.

2 Still, it is debatable whether shipbuilding should not also be classed with architecture: from an early modern perspective, *architectura navalis*, like *architectura militaris* or *architectura civilis*, is one of the branches of architecture. Reinle, who notes that present-day authors have completely forgotten that architectura navalis was once treated as part of architectural history, writes (1976, 240): »In the Middle Ages and the modern age, technical and formal ideas on this topic vary. To single out just one example: The stern sections of large oceangoing ships from the 16th to the 18th century, which had developed into veritable wooden palace façades. The fact that in 1697 it was possible to give the upper part of the house named *Den Horen* on the magnificent Grande Place in Brussels the detailed form of a baroque ship's stern, with a gallery and sculptured figures of sea gods, seems to prove our point.«

fulness of American popular culture, which produced such structures as hot-dog stands shaped like hot dogs, ice cream kiosks that looked like huge ice machines, and drive-throughs in the form of giant donuts.[3] The latter examples, however, are cases that once more involve an architectonic convention – not as far as the signifying form of each building is concerned, but because of their technique of alienating borrowed objects by taking them over into the architectonic context – usually limited, simply enough, to vastly enlarging the objects.[4] This convention is a genuinely architectonic type that is linked to its function – the garish commercial building conceived in its »eloquent« form as an advertising medium

As a rule a building type develops over time through the continuous modification and differentiation of something that already exists, paralleling the simultaneously continuous changing of functional requirements – and here, needless to say, its character of signifying must be expressly included among the functions. In so far as these are »technical« functions, we feel that the forms of different types can be explained from the nature of the thing itself. The fact that it is possible to tell at first glance a sawmill, say, from a flour mill is unquestionably not due to the intention to express a function by architectural means. To be sure, if social or religious issues are involved, the symbolic aspects increase in importance. Typically enough this is also true in instances that seem to explicitly deny that a building has a signifying character: the bold claim that a structure does not have iconicity (or, more precisely, a certain level of signifying power) made by functionalist movements in the 20th century is itself an act of great symbolic significance and was no doubt intended as such. One might say that attempts to deny the signifying character of types of buildings and to define the term *type* as something exclusively functional create the metatype of an ideologized architecture that inevitably has only little aesthetic diversity.

While the types generally develop gradually and through modification, there do exist a number of cases in architectural history where building types needed to be developed more or less from the ground up or even completely reinvented. For instance, developing the national monument – which to our eyes is a somewhat bizarre marginal phenomenon of architecture – was, for the 19th century, a major task in which function is completely subsumed in the symbolic. Another type of building that the 19th century had to invent for the first time is the railroad station; the work of developing it, though linked largely to its technical and functional aspects, nevertheless – perhaps even first and foremost – involved developing its signifying character. One of the earliest large train stations, created at a time when there was as yet no existing building form that could have conveyed the association ›railway station‹ to an observer, was Euston Station in London, built in 1835-1839 based on a design by Philip Hardwick [→fig. 1, p. 8]. Faced with the task of giving his building the necessary signifying character, the architect modeled the project on the Propylaea, which was an eminently suitable prototype for a number of reasons. Because it is a gateway, this building type is closer to the function of the station than any other; in other words, it can be readily associated with entering and leaving the metropolis. The reference to classical Greek architecture, the unsurpassable peak of architecture, shows the entire enterprise to be an achievement of the highest cultural-historical importance: Stevenson's railroad, which managed the long distance from London to Birmingham at the breakneck speed of up to 50 kilometers an hour, was considered by contemporaries to be one of the outstanding products of the human intellect.[5] When all is said and done, this achievement also proves London to be the new Athens, and England a new Greece.

During the early stage of development of railroad stations there is no functionally motivated ›organic‹ line of tradition to which the architect could (or should) have referred, in contrast to the overwhelming majority of building types. For example, the hotel evolves from the inn, the department store from the shop, the factory from the manufactory, the prison from the infirmary. In the absence of a really workable model Hardwick thus makes his way into the typological proximity. By choosing the propylaeum, he picks a building type solely because of what it signifies – and thus its ›readability‹.

3 Here, too, it is possible to trace the roots far back in time: Ledoux' famous bordello in Chaux, whose ground plan has the form of a phallus, Lequeu's stable in the shape of a stone cow, both unbuilt, and probably unbuildable, architectural projects, or the truly delightful folly of a summerhouse built in 1761 in the shape of a huge stone pineapple (Dunmore Castle, Stirlingshire, Scotland) have their precursors in antiquity – for instance, in the Colossus of Rhodes, or the tomb of the baker Marcus Vergilius Eurysaces in Rome, which was shaped like a gigantic oven.

4 The disproportionate nature of such a change in dimension is obviously the defining moment of the alienation, which must necessarily be the characteristic feature of such a semiotic transformation. — How narrowly architecture is linked with such alienating representation is shown by a look at the Dojser burial ground in Saqqara, where Imhotep is said to have invented architecture and where not only the mastaba is piled up, inordinately magnified, into the first step pyramid, but Upper Egyptian reed huts and Lower Egyptian clay buildings are also enlarged and, translated into stone like sculptures, form the ritual stage of the Heb-Sed Court.

5 Cf. Pevsner 1998, 227.

From a functionalist point of view, notes Pevsner, his design is incomprehensible.[6]

THE TRANSITIONAL PERIOD

The development of architectonic types in the Renaissance takes place under the influence of three factors that are weighted differently depending on the phase, intention, and purpose[7] – factors such as the imitation of antiquity in the literary project of Humanism; the continuation of the medieval tradition; and finally, much later, archaeological findings. Here, the first primarily draws up the program, while the two others supply the forms. But what is an architect to do if all these sources fail, if he is not only confronted with new requirements but if even the signifier the building is supposed to be has to be invented, and the very fact that the signifier must be new is an essential part of the job? This is precisely the position in which fortification architecture finds itself in the age of Francesco di Giorgio Martini, and what makes the situation even more precarious is that what is involved is not only typology in an aesthetic context; rather, it is necessary to find solutions to radically altered technical conditions, solutions that for the time being no one is able to provide.

Before the Crusades, for a long time, city fortifications throughout Europe had consisted of unassailable city walls in the form of a simple circular wall. As protection against the rather uncomplicated methods of siege, these installations served their purpose. Contact with the Orient during the Crusades brought not only an upswing in siege technology but also a knowledge of methods by means of which one could ward off this progress. One instance was the introduction of oriels from which the walls could be raked. Machicolations were placed on the walls (projecting parapet walls with embrasures between the corbels for the purpose of pouring down pitch and sulfur); the towers, originally used merely as watch turrets, were enlarged and made to project farther over the wall, while circular or semicircular exterior structures were built in front of the gates, so-called barbicans (presumably from the Persian barbarkhana, ›guard‹ or ›watch‹), and outworks were constructed as outer defenses. The encircling open spaces of the latter were closed off with a circular wall designed to be within the most effective range. The end of this development consolidated the renewed superiority of defensive fortifications, regarding which Doderer notes, in a passage from his novel *The Demons* that deals with the construction of strongholds, that it is quite obvious, and must have been a determining factor for the course of events, indeed for the face of the period.[8] It survived until the introduction of firearms turned everything topsy-turvy.

The beginnings of the construction of firearms are obscure, but their European development seems to have begun shortly after 1320.[9] As early as the middle of the 14th century every major town had stationary cannons, and in 1388 it was possible, by means of a large gun, named Kriemhild and manufactured in Nuremberg by Ulrich Grünwald, to fire stone cannonballs weighing 560 pounds that penetrated a six-foot-thick stone wall at a distance of 1,000 paces. Town fortifications, no matter how solid, could no longer withstand such weapons.[10] At that time, firearms were already in general use, and warfare began to change fundamentally at the end of the Middle Ages. It was apparent that these offensive weapons were clearly superior, and there followed a long period of uncertainty and tentative experimentation, until fortification architecture finally came up with a workable solution in response to the new challenges. Early efforts to reinforce existing town walls and towers soon proved to be useless: even very solid masonry was not capable of withstanding a longer bombardment, something that was made clear by the capture, in 1453, of Constantinople, one of the best-fortified cities in the world at the time. Around the middle of the 15th century the superior strength of offensive weapons had increased to such an extent that the mere positioning of cannons was sufficient to force cities to capitulate: French troops led by Charles VII were thus able to capture over 70 English strongholds in Normandy between May 1449 and August 1450 without a single shot being fired.

Gradually the realization spread that only a radical rethinking and, as it were, a ›dynamic‹ approach could deal with these altered circumstances. Comfortable passive cover, which the attacker would find a hard nut to crack, could by itself no longer guarantee a successful defense; only if cannons were used could the batteries of the attacker be effectively held in check, and thus the goal must now be the ability to sweep the surroundings of the stronghold without leaving any gaps, thus making it impossible for the attackers to position and use their artillery, or at least making it considerably more difficult. In other words, the defense strategy had to move clos-

6 Pevsner ibid.
7 For this and what follows cf. Reuleaux 1912, 6ff.
8 Doderer 1956, 741.
9 Firearms were allegedly first used in 1324 in Metz, while the earliest representation of a kind of cannon from which an arrow is shot with the aid of gunpowder is found in 1326 in England, in a manuscript by Walter de Milimete. Cf. Glossarium Artis 7, 235.
10 Stefan Grathoff, www.regionalgeschichte.net.

er to the offensive concept, and the most important task of defensive architecture would now have to be to create and secure positioning advantages for the weapons of the defenders.

Admittedly it was not possible to equip the old defensive fortifications with cannons: for one, the narrow walkways along the battlements and the slender turrets did not have enough room for positioning larger cannons; secondly, shots fired from such an elevated location were far too plunging and thus to a large extent ineffective; and thirdly, the walls and towers were not stable enough to withstand the recoil.

Starting with the middle of the 15th century, architects in Italy began renovating the medieval fortifications. Walls and towers were gradually kept lower and built the same height; the walls were considerably strengthened, while the towers were given a wide, circular form in order to serve as platforms for cannons. This kind of design, in the form of a flat bastion, was the one proposed by Dürer for the systematic fortification of cities in his 1527 treatise *Etliche underricht zu befestigung der Stett, Schlosz vnd flekken* [Instructions regarding the fortification of cities, castles and small towns], the first German-language publication on the building of fortifications.

Thus the way was paved for the use of artillery, for the purpose of defense. At the same time there was initially no need to deviate too much from what was customary: the usual formula for the safe place, the traditional image of a wall fortified with towers, and thus the familiar signifier of security, were able to survive in the modified, modernized guise of the bastion system. — The ingrained, intrinsic conservatism of defense must not be underestimated: defense is no place for experimentation, in complete contrast to offensive warfare.

Francesco di Giorgio Martini (1439-1502), too, prefers rondels (which he calls *torrioni*, large squat towers); he uses them in his late fortresses, built in southern Italy for Alfonso of Aragon, most consistently in Taranto, and expressly defends them in his treatises, arguing that they are best capable of withstanding bombardment.[11] However, in addition to the fact that the area directly in front of the wall could not easily be raked with artillery fire, round towers had the huge disadvantage that there was unprotected, »dead« space in front of the bastion. Protected only by moats, it could be used by the attacker in order to lay mines to create a breach or to blow up powder charges, thus damaging the bastion no less effectively than by bombarding it with cannons.[12]

The development of the pentagonal bastion, the *bastione angulare*, took place, at first only hesitantly, parallel to that of the bastion. Its consistent use in a systematic manner would eventually, in the 16th century, end the phase of uncertainty and experimentation with the invention of bastioned systems and ring in the era of modern fortifications. In the pentagonal bastion the forms of the ground plan break away from ›ideal‹ geometric forms – the circle and the square – and conform ›organically‹, so to speak, to the functional parameters of the trajectories of projectiles.[13]

Remarkably, however, the form of the bastion does not seem to have been initially designed for the purpose it was later to serve so excellently. Early thoughts on the subject are found in Alberti, who, in *De re aedificatoria*, written in 1452, proposes that the walls in the sections endangered by siege engines should be made to project at angles, like the bows of ships (*prorae*).[14] The choice of words suggests that Alberti imagined the onslaught of the enemies as a kind of fluid whose force needed to be divided and broken by the pointed form of the wall, one he also proposes for the bases of the piers of bridges. And indeed there is something to be said for this analogy to water: like water, a cannonball is at its most forceful when it strikes the wall orthogonally, and his proposal is probably intended to avoid this.

Familiar with Alberti's ideas, Francesco di Giorgio seems to have taken similar considerations as a starting point. For a long time he was considered to be the inventor of the pentagonal bastion,[15] though the basic form appears as early as the mid-1460s, i.e., at least a decade before his earliest fortification buildings, fully developed in the Malatestian *rocca* in Cesena built by Matteo Nuti. Francesco, too, seems not to have realized that here, beyond the original purpose of lessening the impact of a hit, lay the key to the solution of the urgent technical questions, although he was aware of both the problems and the path to the solution, or at least its essential features: in his writings he demands that the *torrioni* be placed at the corners of polygonal fortifications in such a way that they can sweep the adjacent walls and

11 Codex Magliabechiano 51v (Maltese 1969, II, 431).

12 The invention of mines is sometimes ascribed to Francesco di Giorgio, for instance by Papini 1946, I, 165, though not without reservations. Francesco di Giorgio is said to have used the first mine directed against a fortress on 27 November 1495 in Naples in preparation for the storming of the *castel nuovo*.

13 Based on practical experience, the whole thing sounds quite simple: by filling in the dead spaces that cannot be swept by gunfire, the rondel becomes a polygonal bastion with its characteristic ground plan shaped in the form of an irregular pentagon.

14 See Baier, Hilliges 2010, 206ff.

15 Cf. Promis 1841, after Adams 1994, 114.

defend the adjoining bastions,[16] and his elaborate plans for moat defense have all the essential features of the later bastioned systems.

Thus even if much in Francesco's work comes close to a systematic use of the bastion – such as the *puntoni* in Sassocorvaro, Cagli and Taranto or the bend in the curtain wall of San Leo in regard to functionality, and the *maschio* in Fossombrone or the famous drawings in the Codex Magliabechiano [→ fig. 2, p. 11] in regard to form – it all happens tentatively, remains rooted in the old concept of passive defense, while the artilleristic potential does not appear to have been fully recognized yet[17] – and at the same time there may not yet have been the necessity for recognizing this potential.[18]

One of Francesco di Giorgio's installations that came close to a ›genuine‹ bastion both in form and function as a platform for the emplacement of artillery has been preserved in the *rivellino* of Costacciaro built around 1477 [→ fig. 3, p. 12; tav. 1], yet the similarity of the form does not hide the fact that while such issues as fire protection and gapless sweeping of the territory in front of the main battle line, the crucial advantages of the bastion, are considered here, they were not consistently implemented – it appears as if the technical solution was anticipated by the aesthetic appearance.[19] — The fact that in the treatises Francesco regularly broadens the tips of his bastion-like figures (presumably to improve the defense of the moats) or even furnishes them with rondels gives us reason to assume that, even where they make us take a systemetic use into consideration, they must be interpreted in a different sense.

The way is now paved, but the crucial conclusions will only be drawn by the next generation, when the bastions, which have previously appeared singly and somewhat unsystematically, are combined into an overall concept [→ fig. 4, p. 13: Robert Fludd, pentagonal star fort, from *Utriusque Cosmi*, vol. II, 1619] – in 1488 Giuliano di Sangallo designs the Medici's fortification Poggio Imperiale as a simple, not yet completely perfected complex of interconnected bastions, and in 1494 his younger brother draws up the plan of the fort of Civita Castellana as a pentagon with four bastions and a rondel at the corners; the decisive step, however, takes at least another 30 years and is finally carried out in 1527 by Sanmicheli, who was the first to develop a consistent system. The geometry of each individual bastion is now chosen in such a way that it can be provided with the best possible covering fire by the two adjacent bastions. The idea of a ›paratactical‹ merging of individual buildings, so to speak, into an overall system has thus been replaced by a concept that one might call ›hypotactical‹ because of the organic, ornament-like ordering of its parts, which can no longer be isolated, into a comprehensive macroform composed with the greatest exactitude of elements that are interrelated. Once the individual form is determined by a system of general geometric dependencies the way is paved for the consistent development of fortifications into the comprehensive ornamental geometric organisms of the Baroque with their perfect symmetry. Austerlitz, the protagonist in Sebald's novel by the same name, says of these fortifications that it is »amazing […] with what perseverance generations of military architects, in spite of their doubtlessly outstanding talent, clung to the totally mistaken idea (as we can easily see today) that by working out an ideal tracé [plan] with obtuse bastions and projecting ravelins that allowed the fortress' cannons to sweep the entire deployment zone located outside the walls, a city could be protected as thoroughly as anything could be protected in the world.«[20]

It can hardly be denied that here, over and above the requirements of the praxis of artillery, symbolic concerns play an important part. Thus, no doubt, the widespread pentagonal constructions may be thought of

16 Codex Magliabechiano 51v (Maltese 1967, II, 431). – For Rumohr (1827, 187) »Francesco di Giorgio was one of the founders of the more recent art of fortification: first, because he himself, with great impartiality, informs us as a result of his own reflection what his book contains on the subject; and secondly, because these results are highly important in and of themselves, as they already delineate the main features of mutual defense.«

17 One of the drawings preserved in the Uffizi, sometimes attributed to Francesco di Giorgio, contains a sketch of the ground plan of a square mansion with bastions at the corners and lines of fire marked in. If we believe this attribution, it would mean that Francesco must have been very much aware of the functioning and advantages of the bastioned system. There would still be the question as to why the system can be found neither in one of his treatises nor in the building practice in such a fully developed, systematized form. — Burns (1994, 373f.) is probably correct when he assumes that the author of this part of the page is not Francesco but Peruzzi; based both on the form of the bastions (which were obviously added later) and on the arrangement of the colonnades that are hard to imagine for a Quattrocento design, the sketch was probably not created until after Francesco's death.

18 Baier and Hilliges assume that the necessity for an overall systematization of defense did not arise until after the campaigns of Charles VIII in 1494/95 (2010, 216). Smaller calibers combined with the use of cast-iron cannonballs substantially heightened the effect of cannons and an increased range of their application, not least as a result of improved accuracy. Yet the success of firearms even in the previous decades was unquestionably not merely based on noise and smoke.

19 Regarding the characteristics of battle tactics cf. Fiore in: Fiore, Tafuri 1994, 228ff.

20 Sebald 2001, 21f.

as magical symbols that have an apotropaic effect (frequently found in other contexts as well); preference for symmetrical geometric forms must certainly be seen in connection with the extensive metaphorical geometrization generally practiced in the Baroque, and the bastionary system was no doubt successful, if for no other reason, precisely because it met the need of the period for the reassuring safety of a system, for escalating systematization, and rhetorical ritualization.

In this connection it is worth looking at a fact that is initially surprising in the context of military installations – the conspicuous obviousness of 16th and 17th century fortification structures. The various ›manners‹, i.e., the mandatory models, were publicized in very detailed plans and sections in the literature that had begun proliferating at an inflationary rate since Francesco di Giorgio's earliest treatises on fortress construction,[21] so that anyone who was fairly familiar with the rules of the art of fortification had to be capable of drawing exact conclusions regarding the overall plan if he knew even a small part of it – the technical detail here is thus a signifier that can be easily read, intended to make attackers aware, by referring to the installation as a whole and its unquestionable effectiveness, that their undertaking is not feasible. As if that were not enough, the plans of already implemented installations were amply documented by engravings and generally accessible, though it must be assumed that existing weak spots and inadequacies had been carefully eradicated, and the publications passed off an idealized and perfected image of the installations as reality. In such pragmatic idealization, we can no doubt discern the purpose of this backup publicity: seeing its ›academic‹, i.e., flawless and correct design, an attacker is meant to recognize the fact that the installation is impregnable. In other words, these public campaigns of defense are also about signifiers.

In fact, there is hardly another architectural form that has as essential a relation to its own signifying character as does fortification architecture. Here the separation between technical function and aesthetic significance has mostly been eliminated. Indeed, in a curious way the two are interwoven: the fortification explicitly displays its efficiency and functionality, and it is precisely this explicitness that is one of its essential functions. The reason for this lies in a distinctive feature of the functionality of such an installation: that is to say, we have the paradox situation that a fortification fulfills its purpose in the best conceivable way if it is not forced to demonstrate its functionality, i.e., if no attack takes place at all, because the installation is able to convey to a potential attacker the certainty that there is no chance that the attack will be successful.

This is possible in times when a comparatively ›stable‹ weapons technology and a generally accepted set of rules of warfare have become established, and a type of corresponding fortifications is capable of offering effective protection against them. Here, undoubtedly, the greatest success will be achieved by a fortification design that adheres to the tried and tested typology and shows this unequivocally.

Nothing of the kind is available to the 15th century, a period of transition between medieval and modern concepts of defense. It is true that with the development towards the bastion system crucial disadvantages of the old fortresses had been eliminated, yet even Francesco di Giorgio, the most famous fortification engineer of his time, was forced to admit that there was not a single fortress that could, in the long run, withstand a cannon attack that was carried out with determination – unless it was protected by its location, in which case, however, the credit should go not to the architect's skill but to nature.[22] The crucial step, adopting new, offensive defense strategies, is taken only halfheartedly; the construction of fortifications is slow to break away from the old forms, and there is as yet no prospect of a really satisfactory solution – one that actually addresses the technical problems and could thus be suitable as the reliable signifier of a new successful defense technology. The second half of the century is a time of uncertainty, of transition and experimentation.

It would seem that such experimentation was Francesco's true domain. If we study those of his buildings that have been preserved in the Marches region, we find quite a surprising variety of forms for a single architect, an amazingly imaginative series of experiments that spans a broad spectrum. For instance, it is hard to imagine Mondavio and Sassocorvaro, with their completely contrasting formal approaches, as the work of one and the same man. Unquestionably, it is possible to identify constant tendencies, concepts, and stylistic characteristics in Francesco's so very contrasting fortress designs, but the thing that allows us to see his work actually as a cohesive whole – apart from the overpowering three-

21 »No one today, said Austerlitz, has even an approximate idea of the countless books written about the construction of fortifications, of the speculative nature of the geometric, trigonometric, and logistical calculation set down in them, of the hypertrophical excesses of the technical terminology relating to the art of fortification and siege, and no one now understands the simplest of terms, such as escarpe and courtine, faussebraie, réduit or glacis [...]« (Sebald loc. cit., 22).

22 Codex Magliabechiano 50v (Maltese 1967, II, 428).

dimensional presence that makes his buildings appear so unique – is its propensity for speculative variety. One is tempted to say that its foremost distinguishing feature is the seemingly almost playful fantastic aspect of his sculptural speculation and, at the same time, a set of signifiers that are hard to define – strange and disconcerting, while also quite precise.

Here an important, fundamental question arises in our minds: what is the relation between technical function and aesthetic signifiers? While the latter still speak to us directly even today, we are poor at judging the former. In order to determine this relation more accurately, however, it is necessary first of all to examine the individual fortification buildings of Francesco with regard to their technical and functional parameters. But it is somewhat difficult to form a conclusive, detailed judgment: over the half millennium since they were built not only have the few installations still preserved today mostly undergone substantial change – been used for other purposes, allowed to fall into ruin and then, if restored, disfigured by renovation – but also the basic conditions that prevailed originally, such as urban and topographical conditions, position in relation to other installations, configuration of roads etc. can be pictured only with difficulty or not at all. Another complicating factor is the fact that precisely for this period it is not possible to determine a unified, reliable fortification typology that would allow us to draw conclusions regarding each particular original concept.

THE ROCCA UBALDESCA IN SASSOCORVARO

Let us take a look at the *Rocca Ubaldesca* in Sassocorvaro, one of Francesco's most spectacular projects and one of the most impressive fortifications of the Quattrocento [→ fig. 5, p. 16; tav. 2-9]. Strategically significant, the place assures its occupiers control of the middle section of the *Valle del Foglia*. Its location at the border between the territories of Urbino and Rimini made it the scene of bitter clashes between Federico da Montefeltro and his archrival Sigismondo Malatesta, which, between 1446 and 1463 (when hostilities finally came to an end with Sigismondo's defeat in the battle by the Cesano River near Senigallia), led to the repeated complete destruction and subsequent rebuilding of the village and fortress.

Federico entrusted the rule over Sassocorvaro to his brother Ottaviano Ubaldini della Carda, a man who is of interest to us since, as the builder of the *rocca*, he had a significant influence on the design of the fortification. Born in 1423 or 1424 in Gubbio, he had grown up together with Federico and had become his closest confidant and most important advisor, a de facto coregent – Alberti calls Federico and Ottaviano »*i due principi dell' Umbria*«.[23]

According to the sources Ubaldini was a refined, educated man with pronounced artistic and scientific leanings – not the least of which was his preoccupation with questions of philosophy and alchemy. He is considered to be the foremost intellectual figure at the Urbino court and the driving force behind Federico's cultural and politico-cultural enterprises.[24] In 1470 the administration of the border region had been placed under his direct control, and finally Federico gave him the title of count of Mercatello, confirmed on 23 August 1474 by a bull issued by Sixtus IV.[25]

Not long thereafter, around 1476,[26] he begins the construction of the fortress, or, to be more precise, of his fortified residence in Sassocorvaro, an ambitious project that combines military necessity with the demonstration of political power and social prestige. He seems to have pressed ahead with his plan with considerable energy; Michelini Tocci speaks of a construction period of hardly more than a year.[27]

That Francesco di Giorgio was given the task of planning and carrying out the project has not been documented, though the attribution has not been seriously contested. Apart from stylistic peculiarities – such as the typical and idiosyncratic juxtaposition of various kinds of curve radii and segments, or the no less unusual

23 On Ubaldini see Fiore, Tafuri 1994, 235f.; Aromatico 1996; for detailed comments see Michelini Tocci 1986. – Federico was the illegitimate grandson of Count Guidantonio da Montefeltro, and was adopted by the latter when, even in a second marriage, there was no prospect of legitimate offspring. On Federico's complicated family circumstances and questionable seizure of power cf. Roeck, Tönnesmann 2005, 23ff. — According to other sources, Ubaldini is said to have been Federico's cousin.

24 »[...] *cogestore del potere e vero ispiratore della vita culturale urbinate*« (Santagata 1993, 93).

25 This is directly related to the fact that the pope had bestowed the rank of duke upon Federico two days previously. At this point Sixtus was in a very alarming situation – the tyrant of Città di Castello, Niccolò Vitelli, had, with the backing of Milan and Florence, rebelled against the pope. During the siege of Città di Castello the pope had to assure himself of the support of Federico, »who was preceded by the reputation of being invincible«. (Pastor 1928, II, 504).

26 The dates suggested are close together: Franciosi (1930, 192) and Volpe (1982, 61 fn) 1474; Serra (1934, 488) 1475; Maltese (1967, xiii) 1476-78; only Miletti (1963, 4) between 1483 and 1489. Cf. Adams in Fiore, Tafuri 1994, 235.

27 Introduction to the so-called ›Book of Sketches‹, Francesco di Giorgio Martini 1989, 17. The beginning of construction is here given as 1477. Other authors assume that the period of construction was longer and, based on archaeological findings, that there were two construction phases (cf. Miletti 1963, 7ff.).

pillar arcade without a base in the courtyard (which corresponds very precisely with Francesco's nave arcade in the cathedral of Urbino) – two factors in particular seem to me to speak for his authorship: first, the high quality and strict symmetrical clarity of the ground plans, which are also characteristic of other buildings he designed, for instance the Palazzo Communale in Jesi, his blueprints for the Casa della Sapienza in Siena or of the unrealized civilian projects in the treatises,[28] and second, the fact that the so-called ›Book of Sketches‹ contains the ground plan of a fortification that is very similar to the *Rocca Ubaldesca* as regards the constellation and relative sizes of various rondels or towers, or the combination of *puntone* and flanking towers, and that may probably be regarded as the point of departure for the blueprint [→ fig. 6, p. 17].[29]

The small town of Sassocorvaro is located on the elongated crest of a hill above the Foglia valley, projecting ahead of a range of hills in the south. The fortress, situated at the valley's southern end on the saddle facing the hills, not only blocks off access to the town, but also controls the strategically important access to the valley and secures the road to Urbino. No matter how great the fortress' military importance, the choice of its site is unfortunate: two hills in the south and southeast offer advantageous, easily accessible and secure positions for an opponent's batteries, and access from the east and west is anything but difficult. Yet, apart from the location, there are other reasons which make an effective defense against an artillery attack difficult, if not completely impossible, as a detailed look at it will soon show.

Successful defense against firearms is possible only if the fortress uses its own artillery. The decisive factor here is the ability to sweep the ground in front of the fort safely and seamlessly. However, the few really reliable cannons in the casemated positions of the lower floor of the *rocca*, which is quite solid and probably adequately protected with its three-meter-thick walls, do not cover the whole ground [→ fig. 7, p. 18], allowing the opponent to operate undisturbed from a few not only favorable, but also elevated points. Francesco and his employer seem to have relied on the upper platform with its large number of embrasures, from which it was possible to fire in all directions. The cannons stationed here can, however, easily be eliminated by the opponent's artillery: the walls in the upper floor are not merely too weak to offer real protection, but also easy to hit and topple because of their height, thus being more of a risk than protection for the defending force. In other words, the *rocca* in Sassocorvaro does not have much with which to counter an artillery attack; after a few days of siege the attacker must necessarily gain the upper hand, destroy the defenses undisturbed or reduce the fortress to rubble.

One is tempted to see the reasons for these obvious and actually incomprehensible shortcomings in the fact that the concept is indecisive: while the lower half indicates a basically »modern« approach and, with its solid, not very high walls, could become the foundation for a workable fortress, the upper part seems to follow traditional medieval ideas, i.e., to be based on the passive concepts of past centuries.[30] However, even in this respect the installation cuts a sorry figure: large sections of the wall base are not visible from the fortress, nor can they be swept, so that the attackers, once they have reached the immediate surrounding area of the *rocca*, can no longer be repelled from safe cover.

It is thus not possible to judge the defense concept of Sassocorvaro favorably.[31] Only toward the south, in

29 *Vat. Urb. lat. 1757*, 120r. According to Michelini Tocci (1986, 16), Francesco supposedly presented the book of sketches to the later builder of Sassocorvaro, Ottaviano Ubaldini della Carda, when he presumably turned to Ubaldini, in 1476, with the intention of finding a position as architect at the court of Urbino. Ubaldini, enchanted by the hundreds of drawings of all kinds of ingenious devices, machines, installations and equipment (which to him perhaps seemed vaguely Hermetic and were in keeping with his occult leanings), is said to have suggested that he write the treatise later dedicated to Federico da Montefeltro, and moreover to have commissioned Francesco to build Ubaldini's fortified residence. According to Michelini Tocci, the *rocca* and the treatise then led to Francesco's official appointment as the successor of Laurana to the post of court architect of the Duke of Urbino.

30 The fact that medieval ideas about warfare are still very much alive during the transition period is evident, not least in the writings of Francesco: the ›Book of Sketches‹, written in the period between 1472 and 1477 (Maltese 1976, xlii), contains a whole host of designs for assault machines, some of which appear quite fantastic; a good deal of space is still devoted to an updated form of a selection of these in the early versions of the treatise (Codices Torinese Saluzziano 148 and Laurenziano Ashburnhamiano 361), whose basic text, according to Maltese (ibid.), was begun in 1478, and which were finished around 1486 (ibid. xlvii). However, even at that time these mechanisms must have looked almost as anachronistic as, say, the use of cavalry against tanks in the 20th century. By the time, in the 1490s, when Francesco was preparing to develop a new version of the treatise (Codices Senese S.IV.4 and Magliabechiano II.I.141), ideas of warfare had obviously changed to such an extent that he now gave up the idea of including representations of siege engines.

31 For instance, Palloni 1996, 63. — Possibly during the planning stage it was assumed the artillery used by an opponent would be the monstrous, very heavy cannons that could be transported only with great difficulty, of the type preferred in the 15th century. These cannons fired very heavy stone cannonballs, necessarily with excessively high trajectories and therefore with low accuracy. But Sassocorvaro would have had nothing with which to counter even these monsters – not to speak of the more mobile, smaller-caliber cannons that

the direction of the hills, does the installation appear to present itself from a more advantageous side: here the combination of the *puntone* with the two flanking rondels – an important step in the direction of the bastion system – suggests the architect considered flank protection and effective control over the area in front of the fortress,[32] which justifies the assumption that the basic conditions for the new artillery warfare were understood in principle.

However, there is much to suggest that the forward-looking form is due to very different considerations, i.e., that the group of three towers should not be understood as a consistent whole, but regarded as architectural bodies largely independent of each other; the two rondels should accordingly be seen as corner towers, each of which separately would be intended to control access to the saddle towards one side, and independently the *puntone* would be meant to replace a straight curtain wall between them and, following Alberti's observations on projecting structures in the shape of a ship's bow, serve to mitigate the effect of shots fired from the hill on the south side. The history of the building substantiates this: the south front was built in several phases, and the *puntone* is actually placed in front of an originally straight piece of masonry, part of a tower built by Malatesta and later incorporated into Francesco's for-- tress [→ fig. 8, p. 19]. The constellation is thus due not to the initial stages of an artillery-related, offensive concept of defense, but remains committed to a passive plan here as well.

What are the reasons for the fortress' obvious shortcomings? First, there is Francesco's lack of experience and practical knowledge in the field of fortress construction – Sassocorvaro to all appearances is his first assignment. Before the time in Urbino there is no indication of his having done this type of work; at most, he might already have encountered questions related to defensive structures during his period in Siena because of his connection with the Siena master Lorenzo di Pietro, also known as *il Vecchietta*, who besides working as a painter was also involved with military architecture and casting of canons.[33] Francesco's practical work in construction, however, was as a hydraulic engineer: in 1464 he had been given the position of superintendent of the *bottini*, the underground aqueduct.[34] In this function he undoubtedly acquired considerable expertise in statics, construction, surveying and construction logistics, an indispensable prerequisite for his later work, and yet, although the *bottini*, being objects of the greatest military interest, were treated like state secrets,[35] he was probably at best only marginally involved with the construction of fortresses. Thus defense structures have a subordinate role in the ›Book of Sketches‹, from which conclusions can be drawn regarding Francesco's major interests before his move to Urbino. The drawings related to this subject are not very numerous,[36] the preferred model being the circular fortress with a high central tower, and there are at best only the first indications of a critical analysis. This means that before the mid-'70s Francesco had not devoted much time to current questions and tendencies of fortification building after the advent of firearms, and we may assume that at this point he did not yet have adequate firsthand knowledge of how artillery was used; he only acquired his expertise through taking part in Federico's campaigns in 1478/79, military clashes following the Pazzi conspiracy.[37]

In spite of all this, one should not lose sight of the fact that Francesco's contemporaries also could offer scarcely any more proven solutions; there must have been general uncertainty as to how the new challenges were to be met, and it was not until at least a few decades later that fortification architecture was capable of an adequate response to the consequences of the new weapons technology. And even if a fortress builder had proposed a truly forward-looking plan, it is highly unlikely that his patrons could have been won over for so bold an experiment; as a radical break with all that was familiar it would have gone against everything that contemporaries were used to associating with a feeling of safety, and would thus have implied a gross contempt for the code that denoted what was safe.

appeared in the last quarter of the century. These were mounted on carriages, and the use of iron balls whose clearly greater initial velocity made possible almost horizontal trajectories, resulting in a high hit accuracy and the potential for effectively bombarding the wall base. — Francesco himself depicts cannons on carriages as early as in the ›Book of Sketches‹ written before 1478, thus almost certainly before the construction of Sassocorvaro began – 86r & v, also 76r, though here in a way that makes it clear the artist must at this time have been largely unfamiliar with artillery in action.

32 However, the gain achieved by this is nullified again by the fact that the attackers can fire their cannons from an advantageous high position, while the guns of the defenders must be angled upwards.

33 Maltese 1967, xi.

34 See Michelini Tocci 1989, 14, no source given. One thing is certain: Francesco worked on the maintenance, improvement and expansion of the water supply system of Siena beginning not later than 1469 (Adams 1994, 114).

35 Ibid.

36 As can be concluded from the color of the ink used by the artist, the ground plan sketches were added at a later date, though, it is assumed, before the construction of Sassocorvaro began in 1476.

37 Cf. Weller 1943, 9ff.

We can thus ascribe an important share in the slow and very hesitant development of fortification architecture to a generally conservative attitude on the part of builders, rooted in the very nature of defense, which is characterized by caution and timidity. But in the case of Sassocorvaro we have to assume that the man who commissioned the project had a much more concrete and far-reaching influence. For Ubaldini, the construction of the fortress that was at the same time to serve him as a residence was a prestigious project. His genealogy, like that of Federico, was not exactly respectable. Awarded the title of count only recently and thus committed more to a dynamic, even Machiavellian principle than to a hereditary one, he must probably be regarded as a kind of avant-gardist *avant la lettre* who, along with his brother, exerted his influence on the concept of the revolutionary ›cultural program‹ to which the court of Urbino owes its European leadership, or rather forerunner, role. Thus he probably thought of the hybrid entity in Sassocorvaro – a fortress and palace rolled into one – as an ›avant-garde‹ manifestation similar to the successful palace in Urbino, which is why he must have largely determined the program and possibly its implementation – at least more explicitly than in the ›pure‹ fortress buildings, which were characterized much less by image-enhancing than by technical considerations, and were thus more under the control of the engineer.

It is in the nature of things that under the conditions of early modern military technology the concept of a building as a representation of social prestige and as a political signifier necessarily meant that its military-technical usefulness was limited. It is highly questionable whether in the case of Sassocorvaro the objective of a functional fortress was actually a priority, in the sense that all other functions had to be subordinated to defense interests, or whether fortification may also be thought of as a metaphor, an attribute of the residence as it were, a representation of military matters in the context of a rhetoric of *decorum*.[38] That is, the problems of the building have their roots, last but not least, in this typological singularity. While the point of a fortified structure is to fulfill its military function – which by no means rules out including its role as a signifier – , the strategy of the residence is quite different, to wit, to create the right image. The tension between iconicity and technical function is the fertile soil for all of Francesco's fortress projects. In Sassocorvaro, his first work, it was precisely this field that was defined by the programmatic interests of his client and the probably express demand that the architect invent a type of building that had not existed to date. As a building project this was new territory – Sassocorvaro was an avant-garde structure in this sense as well, and its explicit aesthetic aspirations had no parallel.

As it makes the new explicit, the project conceals an unexpectedly conservative core, however: the program of the palace-fortress reflects what are definitely features of the medieval castle as the fortified residence of the feudal lord. However, while in the Middle Ages the technical function of the fortification, the political prestige of the residence and the interests of a seigneurial household can be combined without conflict, it now becomes problematic, if not impossible, to combine these functions under the clearly restricting conditions of artillery warfare. Sassoscorvaro is thus a curiously inconsistent entity: a building whose avant-garde aesthetics is due to an already anachronistic, basically outmoded program.

Over and above the technical shortcomings noted above we believe various indications point to the fact that the fortress has an intentional, explicit character of signifying. Thus, for instance, the basement level of a tower begun by Malatesta in 1458/59 after the recapture of Sassocorvaro (as an examination of the masonry suggests)[39] is incorporated in the complex, carefully planned two-story south wall of an inner courtyard that is otherwise not at all fortress-like but owes its design entirely to the residential character of the structure. Although the basement level in Francesco's installation no longer functions to fortify the building, it is left, thanks to its massive sloping walls and encircling bulge, in its clearly martial form. There is thus a shift from fortification to the effect of aesthetics; defense, appearing in the guise of a technological metaphor and quotation, is no longer functional for the fortification concept, but associated with it only in its symbolic character. It is as though here the typological conflict between fortress and residence was to be given its concentrated form: the monumental, hermetically block-like martial tower fragment is powerless in the face of the light arcade placed above it, which seems to derive from a completely different world, and thus in the course of a forcible harmonization the entire structure with its inconsistent tendencies is turned into an elegant absurdity. If we consider how simple it would have been to »ci-

38 In Papini's opinion Sassocorvaro gives the impression of a hunting lodge rather than a fortress (1946, I, 172).

39 Cf. the analysis of various types of masonry in Sassocorvaro carried out between 1989 and 1992 by Cigognani, Falcini and Rubini and coordinated by Cruciani Fabozzi, published in »Atti [...]« 1996, 75-85.

vilize« the tower's appearance, for instance through decoration or by correcting the form, thus circumventing the conflict formulated in the courtyard, it becomes clear that the inclusion of this explicitly military element cannot have taken place without intention and deliberation. Francesco di Giorgio is characterized not least by his capacity to develop found and preexisting objects and situations and to incorporate them in his concept, or to develop the concept itself guided by these preexisting conditions.

In the exterior as well, where in a fortress one might expect uncompromising functionality, there is a significant element derived from a common component of the fortification, which is here stripped of its function and restricted to its symbolic character. Machicolations – floor openings through which stones or other objects can be dropped, which serve as the vertical defense of the walls – are characteristic of medieval and early modern fortifications. This technical device gives buildings a very characteristic contour, making it possible to identify them from a distance, more plainly than by any other distinguishing mark, as defense installations. Francesco di Giorgio uses machicolations as a technical-functional element but also as a code in almost all his fortifications, and in the illustrations of the treatises he finds them so important that he devotes considerable effort to their meticulous depiction.[40] Here in Sassocorvaro they are absent – as they are in the drawings pertaining to three towers in the Codex Magliabechiano f. 54v [→ fig. 9, p. 21] –, but in both cases the significant contour is produced by gradually bringing forward the wall in the upper floor. It is not possible to determine a functional need for doing so; the only recognizable advantage is a slight broadening of the surface on top of the walls by roughly 50 centimeters, but even without it there would be enough room.[41] If we imagine the upper floor devoid of its projection – as in the *puntone* and the two rondels flanking it –, we immediately think we can understand the necessity for it as a logic of form, and thus an aesthetic one. Organicity, the integration of the individual parts of the structure, the frequently described »flow of the lines« characteristic of Sassocorvaro, and consequently an explicit turning away from the tectonic and a turning to sculptural three-dimensionality, which distinguish all of the more important surviving fortifications of Francesco, are due to this sleight of hand, if nothing else.

Organic unity and consistency of form lead us to an additional aspect of the symbolic in the palace fortress of Sassocorvaro, which shifts the weight even further away from the technical-functional nature of the fortification and toward the signifying – into another, emblematic context of signs, to be precise. We are talking about the »tortoise analogy« regularly used in the literature, according to which the ground plan of the *rocca* as well as its overall shape should be taken to represent a giant tortoise.[42] This is a matter of controversy: Adams, for instance, argues that symbolic aspects are mingled with project requirements while the concrete conditions of the terrain are ignored.[43]

Two factors carry more weight: one, that the fortress was built in several stages and that in the beginning there is no discernible similarity with a tortoise (fig. 8), and two, that the ground plan drawing in the ›Book of Sketches‹ assumed to be the point of departure for the project is clearly less like a tortoise shape than the built structure. But this, too, does not argue strongly against the conjecture – for example, it is conceivable that Ubaldini recognized the symbolic potencies of the form that had been developed for functional reasons and encouraged Francesco to develop the project with this aspect in mind.

What can have been the patron's reasons for thus preferring the symbolic? First, there is the fact that in terms of psychological symbol interpretation the image of the tortoise is easily understandable as a symbol for reliable protection and the passive ability to put up a fight – an aspect that can nicely be brought into correspondence with the clearly passive defensive concept of the installation, and that combines the iconic symbol and the impression made by the building in an uncomplicated way. The literature also occasionally refers to the testudo, a military-tactical formation of the Roman troops called a »tortoise«, mostly in connection with the tortoise-shaped battering ram described and pictured in Valturio's influential military treatise, where it is also referred to as a *testudo*.[44] In both cases, however, instruments of offensive warfare are involved.[45]

40 It is impossible to determine accurately whether the machicolations in Francesco's buildings should be assumed to have a technical function in all cases. When, in combination with greatly lowered corbels, they come to have considerable aesthetic impact, as for instance in Cagli, Mondavio or Sant'Agata Feltria, it is possibly at the expense of their effectiveness.

41 Palloni 1996, 61.

42 E.g., in Miletti 1963, 10ff.

43 Adams 1994, 232.

44 Roberto Valturio (1405–1475) was the military adviser of the Duke of Urbino. His treatise *De re militari*, finished around 1460, was initially circulated in handwritten copies. In 1472 it was published by Johannes Nicolai in Verona, the second illustrated book to be printed in Italy. Its significance for contemporaries can be seen from the fact that an edition of the work appeared in Paris as late as 1534.

45 Cf. Aromatico 1996, 32ff. in reference to this and the following.

A completely different kind of symbolic connection leads to the person of the builder-owner and supplies us with one of the possible keys for understanding the peculiarities of his fortress. A few years ago, a document came to light in the Ubaldini family archive that makes clear the extent of Ottaviano's ›philosophical‹, i.e., in the eyes of his contemporaries, esoteric and Hermetic tendencies: a codex of close to 150 pages, consisting of three treatises, which shows him to be an adept in the most occult of occult sciences, an alchemist in search of the *lapis philosophorum*, the stone of the wise.[46] To produce this stone, one needs a rather dubious primal substance, the *prima materia*, which is emblematically represented by the image of the tortoise. As if that was not enough, the animal is generally considered to be the symbol of alchemists and furthermore, from a Hermetic point of view, is a hieroglyph that stands for the type of speculative, saturnine person as whom Ottaviano considered himself. Thus a building in the shape of a tortoise would, as Hermetic *architecture parlante*, be the appropriate housing for a zealous adept.

The use of such symbols is most probably due to the intervention of the builder-owner. Nothing comparable with this essentially rather trite esoteric symbolism can be found in the rest of Francesco's body of work, although in the field of fortress construction it is definitely committed to the iconic, including extra-architectonic elements.[47] In this connection it has to be noted that in the treatise that discusses the most important of the fortifications he designed in the Marches he makes no mention of the palace fortress. If we do not use this as a reason for questioning his authorship, we can only assume that this building seemed of little exemplary value to him – particularly since it clearly contradicts a number of requirements named in the treatise – or that he did not count it as a fortification in the narrow sense of the term. This adds support to the conjecture that practical defense, while it may be one significant factor, is by no means the most important one, and that a Hermetic, martial appearance, bought at the cost of a considerable reduction of military efficiency, must in the end be understood as part of the representative function of the residence.

Nonetheless the *rocca* of Sassocorvaro is a milestone in the history of fortification architecture: its expressiveness as a symbol has hardly any equal. With the *rocca* Francesco succeeds in inventing a most highly signifying building without once looking to models or referring directly to a typological line of development. If we must regard this fortress as a blind alley in the attempt to create both a modern type of stronghold and a residence, the fault lies in the insoluble contradictions of the program as well as circumstances and shortcomings that are tied to the period.

THE FORTRESS IN CAGLI

Unlike Sassocorvaro, the fortification in Cagli [tav. 11–13], built after 1481, is given a good deal of space in the later versions of Francesco's treatise [→ fig. 10, p. 24].[48]

46 The reputation he earned as a result of this among his contemporaries was somewhat questionable: posterity remembered him chiefly as an obscurant, thanks to Bembo's denunciatory remark, which accused him of causing, by means of magical operations, the impotence of Guidobaldo, the son and heir of Federico, with whom the Montefeltro line died out.

47 At all events we might at this point think of the somewhat strained anthropomorphisms or rather anthropometrisms particularly in the early versions of his treatise, though these are not due to a Hermetic context.

48 Codices Magliabechiano 68, 68v; Senese 32v, 33 (Maltese II, 457ff.): »In the town of Cagli, on a hill that towers above the town by almost 300 feet and can be fired at only from one side, I first had a *rocca* built shaped as follows: first the main tower in the shape of a triangle one of whose angles faces the side from which the attack comes, so that the wall does not have to take the full force of the bombards; and in this angle the wall is 35 feet wide, and at the other two ends of the of the angles 4 big towers [*torroni*],* all massive with the exception of the defense installations that project in the direction of the town [*la terra*] in such a way that they form a fortified courtyard [*ricetto*] 45 feet long, 42 feet wide, 50 feet high, corresponding to the height of the big towers. Between this courtyard and one of the large towers is the first gate, which is protected by many gun emplacements [*offese*]; said courtyard is entered by means of three gates and two bridges with dividing walls. The main tower [*torre maestra*] is 100 feet high. In it, below, are a very beautiful cistern, a mill, a baking oven, the storeroom, the prison, the oven and the ammunition store; above these are five beautiful rooms for the castellan, reached by a drawbridge. In the walls facing town, where the wall cannot be assaulted, are the stairs, ending in very strong entrances, so that they can be defended from above; also, on the top floor of the tower, there is a chamber for gunpowder and other military equipment [*salmerie*]. And inside the top of the tower, above the meurtrieres [*piombatoi*] there is a little wall, one and a half feet high, away from the battlements and likewise from the parapet, covered with slabs in the form of boxes that close by themselves, so that when all of them are closed it looks like a masonry bench. Here is my reason for the covered wall: firstly, the castellan is certain that the tower cannot be scaled with ladders because of the size of the corbels (it cannot be scaled with ladders through the battlements). Secondly, those who are given the task of protecting the tower will be safe from plunging down through these openings. Thirdly, the openings can be opened when necessary and used as meurtrieres. Then there is an additional courtyard for the infantrymen [*li fanti*], created by two walls that form an acute angle in the direction of the city, attached to which are two small towers [*torricini*] for the defense of the two large towers, the walls and the tip of the angle, with gun emplacements to protect the flanks [*offese per fianco*]. Those who enter this courtyard walk through four gates and across three bridges without entering any place about which the castellan feels uneasy. These passageways are controlled,

The fortress here is commissioned by Federico da Montefeltro himself, and unlike his brother Ubaldino, who was took no great interest in military matters, the duke here had his architectural engineer build an installation whose consistency and bold novelty eclipsed all that had been invented in response to the threat of artillery. It was probably this installation that established Francesco's reputation as the leading fortification architect of his time. It is as if here the architect had learned a lesson from the shortcomings that could be observed in Sassocorvaro. However, it is necessary to bear in mind that for large parts of the installation, not even fragments still survive today – the *rocca* was destroyed in 1502 during the war against Cesare Borgia by order of Federico's son and successor Guidobaldo – which means that the following reflections refer to a reconstruction based on the description and illustration in the treatise, and still-extant remains. Thus an evaluation is possible only as regards the basic features of the installation [→ fig. 11, p. 25]. Excellently preserved is the oval *torrione* that sits astride the old town wall [→ fig. 12, p. 26]. Referred to in the treatise as »the second *rocca*, as it were«, it was once surrounded by moats both on the exterior and the interior and doubtlessly no less suitable for defense against the town as for its protection. From its lower story a 160-meter-long underground passageway (*soccorso coverto*), which is still passable today, goes up to the remains of the *rocca*, situated on a hill about 50 meters above the town.

Whoever occupies this site is in control of the Via Flaminia, the valleys of the Burano and the Bosso and, last but not least, the town. A fortress on this hill can be fired at only from one direction, the southwest, as the treatise states. Facing this side Francesco builds his main tower, 100 feet high, 35 feet wide, with very massive walls, on a triangular ground plan. He turns one of the triangle's corners toward the direction of the attack, so that the masonry cannot be hit frontally. This *mastio* is flanked by two lower round towers that guarantee good flank protection and control of the forefield. The constellation repeats the combination of *puntone* and rondels developed in Sassocorvaro, but the arrangement can have its full effect only under the topographic conditions of Cagli.

This invention is used for a second time here: in the direction of the town two converging walls form an elongated triangular courtyard whose pointed corner, flanked by two small rondels, can give the *torrione* below good covering fire. Francesco's requirement that the towers be arranged in such a way that one of them could be defended from the other – the theoretical foundation for the development of the bastionary system of fortification – has here been put into practice for the first time.[49] The architect has broken up the fortress into the bipolarity of *rocca* and *torrione*, two parts that, though unequally matched and separate, are nevertheless interrelated by an artillery plan. The result can be considered as a first, though still hesitant, move away from the ›hermetic‹ concept of defense. It is an important step in the direction of the polycentric systems that characterize modern fortifications, and of a new way of dealing with space, if not a comprehensive modern concept of space that goes momentously far beyond the narrow field from which it sprang.

Everything said about Cagli in the treatise speaks of strict functionality and sober experience-based pragmatism. One is undoubtedly correct in seeing in this project the fruit of Federico's decades of experience in the art – or craft – of governing and warfare. The fortress must not only be able to withstand a siege by enemy troops – the ruler's subjects, too, are a constant danger,[50] although Federico treated them comparatively

opened and locked by the castellan of the *rocca*, and whenever the foot soldiers are in any of the said passageways or courtyards, they are prisoners of the castellan as it were, and he can always overcome and vanquish them according to his will and place new infantrymen or troops in the upper courtyard near the main tower, which can be reached by other entrances, where there are other men who are also his subordinates and whom the castellan considers more trustworthy. In one of the two walls of the last courtyard there is a covered passageway [*soccorso coverto*] made of very thick masonry leading to a large tower incorporated in the town wall. Through this passageway the castellan can bring people into the town and get them out. In this tower are rooms for the castellan, munitions and gun emplacements in the town wall facing in and out in three stages, with a cistern, mill, storeroom, outside moats and bridges and many other parts whose description would take too long. This tower is the second *rocca*, as it were. It cannot be bombarded, except in the direction of the town, as the illustration shows, which is why I shall not speak about the details so as not to bore the readers.«

* Only two towers can be recognized in the drawing, and the wording in the text is not conclusive: only at two corners of a triangle is it possible to imagine four towers, at best in the form of double towers – but this would certainly have been mentioned in the text.

49 The 18th of 20 requirements that Francesco lists for the construction of fortifications (Codices Magliabechiano 51 v; Senese 22 [Maltese I, 431 & tav. 274]). — In later buildings he moves away from this type of *puntone* and develops it into an irregular pentagon shape protruding in front of the fortress and linked to it by a wall, and flanked by two rondels positioned somewhat further away, as the representation in the treatise of the now lost fortress of Sassofeltrio shows (Codex Magliabechiano 69 [Maltese II, tav. 275]) – one might say that he fuses the *puntone* with the *rivellino*, thus creating a system that in its form and some aspects of its function foreshadows the bastion.

50 One thing that indicates that danger from within must have been substantial is that in many cases rulers would move out of their cities without resistance when there was the threat of a siege. The reason was that they were bitterly hated by the population and had

well, since he drew a substantial part of his income from his activity as a *condottiere* and was thus able to keep the tax burden somewhat bearable. One of the explanations as to why the Urbino fortifications were not situated along the border but distributed over the entire territory is no doubt that they were intended to ensure the domestic order of the state. In other words, those positions and installations that are mostly explicitly directed against towns are not there only to make the continued defense of the fortress possible if the town is under siege; and if in his description of Cagli Francesco emphasizes that the castellan is able to bring people into the town by means of the *soccorso coverto* and the *torrione*, this is probably hardly intended only for the benefit of the town's citizens. But the ruler's own men are not to be trusted either, and therefore one of the purposes of the fortress in Cagli – with its hierarchy, emphasized by Francesco, of a first and second *ricetto*, i.e., fortified courtyards to hold troops, and its *torre maestra* – is to control the prince's own potentially insubordinate men and to keep a tight rein on them like prisoners, as the treatise unambiguously puts it. Therefore if we judge Francesco's fortresses in the Marches exclusively from an artillery perspective, we underestimate the complexity of the task.

Compared to the fortress of Sassocorvaro, which was built a few years earlier, the installation in Cagli thus represents significant progress. Considerations which in Sassocorvaro, if they were taken into account at all, were put into somewhat questionable practice quite schematically and without regard for specific circumstances, have here been developed in a disciplined manner and uncompromisingly licked into shape from a pragmatic point of view to produce a plan that is targeted to the local conditions and current requirements. We can only speculate what the artillery concept was – however, it can probably hardly be assumed that the concept of the casemated emplacements has been appreciably improved. But since the *rocca* in Cagli has a much more advantageous location, comparable flaws have a far less detrimental effect here.

It can, however, be safely assumed from the representation in the treatise, the few surviving remains and especially from examining the *torrione* with its large-scale massive form and its impression of monumental matter-of-fact functionality that the fortress as a signifier perfectly fulfills its function. Francesco had tried out something similar in Sassocorvaro, but here the emphasis has shifted. The attackers must quickly realize that seizing the town – a venture that is not too difficult with an adequate number of troops – would not produce the hoped-for results, but on the contrary make their situation extremely precarious, since they themselves and their conquest would be defenseless, exposed to the annihilation that threatens them from the *rocca* and the *torrione*. One, if not *the*, crucial function of the fortress is thus the destruction of the town which – or rather whose property – the fortress is intended to protect. This functionality has signifying character only in view of the fact that it is not meant to be used, but, as a mere potential, is to deter the opponents from carrying out their plan, since they realize the senselessness of even a successful attack. For such a paradox to work as a threat, there must be no doubt that the threat will be carried out with determination. According to Machiavellian pragmatism this is reasonable and correct: if it is not possible to effectively guarantee possession of a property, the best protection is to guarantee its destructibility. This is cynical only from the perspective of those who are thus protected.

In 1502, notwithstanding all these measures and precautions, Cesare Borgia captures the town and fortress without difficulty in a surprise attack, only to lose it again a few months later as a result of treachery.[51]

THE ROCCA ROVERESCA IN MONDAVIO

By his own account, Francesco di Giorgio built an impressive total of 136 military installations for Federico da Montefeltro alone.[52] We know nothing about most of them, but four, as well as two for Giovanni della Rovere, are listed and described in detail in the late versions of the treatise [→ fig. 14, p. 28]. Of these six, four have either disappeared without a trace or left only a few remains: Mondolfo, well preserved until the latter part of the 19th century, was used as a quarry between

to give up their cause for lost without the citizens' support. The much maligned Cesare Borgia, a generous and benevolent ruler to his subjects who was honestly concerned with stability and justice in the regions he had conquered, was able, within an extremely short time and without serious military actions, to drive out Pandolfo Malatesta from Rimini and Giovanni Sforza from Pesaro and annex their territories in the fall of 1500, after Imola and Forlì had asked the pope to make him their ruler. This was because the sympathies of the subjects were not at all on the side of their hereditary rulers. Urbino, which was leniently ruled by Guidobaldo da Montefeltro, fell without bloodshed as a result of a ruse of war, and only Faenza, which remained loyal to its ruler, the 16-year-old Astorre Manfredi, resisted fiercely for a long time.

51 According to Rafael Sabatini, an author remembered chiefly for his pirate novels, in his 1912 biography (*The Life of Cesare Borgia, of France, Duke of Valentinois and Romagna, Prince of Andria and Venafri, Count of Dyois, Lord of Piombino, Camerino and Urbino, Gonfalonier and Captain-General of Holy Church. A History and Some Criticisms*, www.gutenberg.org/files/3467/3467-h/3467-h.htm).

52 Cf. Promis 1841, 288–293.

1864 and 1895,[53] while Tavoleto was razed in 1865 by the then owners, the dukes Petrangolini, in order to obtain construction material for a small new castle in neo-Gothic style; by 1927 only fragments were left of Sassofeltro, and these have since been replaced by a municipal building; and finally, the installation in Serra Sant' Abbondio was destroyed in 1946 to make room for the new town hall.[54] The fate of the upper fortress in Cagli has already been discussed above, and so the only building that is capable of conveying an impression of Francesco's art at its peak is the *Rocca Roveresca* in Mondavio[55] [→ fig. 15, p. 29; fig. 17, p. 31; tav. 20-26] – a spectacular structure whose magnificently sculptured form is unique – one of the most memorable buildings in architectural history.

It was built for Giovanni della Rovere and is assumed to have been erected between 1490 and 1500, making it the last fortress built by Francesco in the Marches. We thus expect it to shed some light on the most advanced stage of development of his mastery of fortification design.

However, it is necessary to distinguish between the description and the drawing in the treatise [→ fig. 16, p. 30] and what we can view in Mondavio, implemented in fragmentary form. For what we see here is not completely technically convincing. The installation, located south of the town and separated from it by a fairly narrow moat, consists of a high *mastio* and a lower, semicircular tower approximately 30 meters northwest and in front of the *mastio*, generally called *mezzaluna*. Through a tunnel-like passage in its shaft there is access to the town by way of bridges and ramps. In the middle of this tunnel the main access passage branches off toward the *rocca*. The *mastio* and the *mezzaluna* are linked by a narrow, long, straight connecting structure, somewhat lower than the latter. In front of this structure on the town side is a small, round tower. According to the description and the ground plan in the treatise (fig. 16), Francesco had planned a *ricetto*, an enclosed courtyard, northwest of this connecting structure, as well as a pentagonal building with the castellan's residence and a tower with a jutting spur at the tip projecting into the landscape. It was never implemented, possibly because the builder-owner had the Palazzo Giorgi built for him in the town itself and therefore there was no longer any need for the living space and formal rooms planned for the *rocca*.[56]

The fact that the project was not completed has far-reaching consequences and is the reason why the *rocca* in Mondavio has serious shortcomings. It is out of the question that, as Adams maintains, the fortress is fully operational even without the parts that were not implemented.[57] Not only does the lack of the *ricetto* significantly limit the number of troops and thus its operational capabilities – the lack of the third tower, which would have made possible a useful system of mutual covering fire in interaction with *mezzaluna* and *mastio*, calls into question the entire concept of defense towards the countryside. Just as serious is the completely inadequate protection of the structure connecting the mastio and the *mezzaluna*, which forms a kind of poorly protected curtain wall toward the southwest, i.e., the side that is most under threat, and which can easily be reduced to rubble. This would result in a significant weakening of the fortress: not only would it then be impossible to hold the *mezzaluna*, which would mean that the north part of the *mastio*'s forefield could be only partially controlled, but also all communication between the town and the *rocca* would be cut off.

The connection between the *rocca* and the town as a whole is not without its problems; here we see the conflict that results from the fact that on the one hand it is

53 A few fragments of the decoration have been preserved, all of them masonry of extraordinarily high quality: thirty-seven corbels, two corner corbels, two sections of beams, a medallion with a coat of arms and two rosettes are kept in London (Victoria and Albert Museum) and in Birmingham (Museum and Art Gallery).

54 Cf. Michela Liotta in her article »La rocca di Serra Sant' Abbondio« (www.tecnologos.it/articoli/numero_023/07abbondio.asp). – However, the Internet page of the municipality of Serra Sant' Abbondio (www.ssabbondio.it/storia.html) asserts that the *rocca* was completely destroyed after Cesare Borgia occupied the town in 1502 as it was being reconquered by the dukes of Urbino.

55 Codices Magliabechiano 70v; Senese 34 (Maltese II, 463 ff.): »In an estate called Mondavi belonging to the lord prefect [i.e., Giovanni della Rovere] I had a *rocca* built consisting of the following parts: first the outer circumference of the rooms and the courtyard has a pentagonal shape, one side of which is turned toward the town (*terra*), and the corner opposite this side is turned outward. In the corners of the side that faces the town I made two small towers (*torricini*), massive except for the gun emplacements (*offese*), and in the opposite corner of the pentagon [I made] a 50-foot-thick big tower (*torrone*), massive except for the gun emplacements, and next to these the room of the lord. I made one of the sides next to the small towers into a large tower 50 feet high, in a longitudinal-oval form, with a street running through its middle and a drawbridge with a *rivellino* on both sides, and a gate in this big tower. In the middle, where said street that leads to the town runs through the big tower, I made the entrance to the *rocca*; on the other side, opposite to the entrance, next to the other small tower [I made] an octagonal tower with a diameter of 55 feet with a square hollow space (*vacuità*), adjacent to the town wall where the room of the castellan is, and where this room abuts the side I made the exit (*soccorso*), with a *rivellino*, and around it a moat that encircles all the said buildings; and in the main tower (*torre maestra*) are all the installations I have described in the other [fortresses], as is evident from the drawing.«

56 Cf. Dechert 1984, 137.

57 Adams 1994, 295.

necessary to defend the town, while on the other hand it must also be possible to defend the *rocca* against it, and thus the connection in the first case has to be as reliable as possible, while in the second it must definitely be prevented. In spite of all efforts and in spite of favorable positioning, it was not possible to protect completely satisfactorily the system of drawbridges that once connected the fortress and the town via the *rivellino* that is now part of the town wall.

However, the artillery concept functions reasonably well [→ fig. 19, p. 33]. In contrast to Sassocorvaro, even though not everything has been resolved entirely satisfactorily, the casemated gun emplacements here cover the largest part of the forefield, with the exception of a gap facing southeast that is difficult to explain. But if we include in our consideration the sections that were not implemented [→ fig. 18, p. 32], the problem of the unrestricted control of the forefield may be regarded as resolved.

However, Francesco is still far removed from a system of casemated gun emplacements; his artillery concepts are selective, or partial. Unlike fortress builders in the century to come, who would calculate schematically and systematically, he is not an engineer yet, and his artillery concepts reflect a way of thinking in terms of sculptural variety and perhaps a fundamentally different concept of space – it almost seems as if he resists the banality of the systematic, of a prescriptive approach, and as if he eagerly uses every pretext to explore a multitude of ideas.[58]

The weaknesses of the fortress are thus mostly not the result of Francesco's concept, but of a lack of consistency in implementing it. It is noteworthy that the shortcomings are restricted to the side facing the countryside. Towards the town, however, with the exception of a few weak spots in the moat defense that still have to be dealt with, everything has been painstakingly worked out and implemented, and the fortress is here able to fulfill its function without reservation. Here the unusual height of the *mastio* is explained: it is true that the problems associated with towers as high as these had long been recognized, but in this case there were other priorities: it was necessary to compensate for a disadvantage of the terrain. Since the *rocca* is located outside the town, which occupies the crest of the hill, at the foot of the town wall, and is thus clearly at a lower level, the problems resulting from the height of the *mastio* had to be accepted as the price for a high platform dominating the town. The tower thus owes its height, an undisputable disadvantage in the case of an artillery attack, to the intention of ensuring control of the town.

This also explains the small tower that projects into the moat roughly in the middle of the connecting structure: it performs an important task in the defense of the moat and in securing not only the drawbridge on the town side but also the *rivellino*; if the *rivellino* is stormed, the small tower can open fire on it; however, at least of equal importance is its function in controlling the area on top of the town wall, now called Piazza della Rovere. Formerly narrow, it was later widened into a square by integrating the *rivellino* in the wall. Two roads lead to this area – the Via Rossini and the Via Bramante, and it can also be reached by a passage from the Piazza Matteotti. If an adversary had succeeded in taking possession of the town – or if it had occurred to the inhabitants of Mondavio to rid themselves of their rulers –, then this is the only place where cannons could be emplaced against the fortress. This threat seems to have been taken very seriously, for all three places can be fired on from two, if not three sides: from the *mezzaluna*, from the aforementioned small tower and furthermore from the *mastio*. If the area on the town wall and its three entrances are effectively under control, there is no longer any danger to the fortress from the town.

In this context it must be mentioned that the *mastio* stands in the axis of the main street of Mondavio, the Corso Roma, which heads so directly for it that there is scarcely any doubt this has to do with artillery interests. Similarly, the other roads leading from the town toward the fortress can be swept by artillery fire from the fortress in large sections of their course.[59]

On the one hand the fortress in Mondavio has obvious shortcomings as to the parts facing the countryside – there does not seem to have been much interest in actually making it functional by completing Francesco's plan. On the other hand, however, it functions excellently as far as control of the town is concerned.

58 Of all the fortifications associated with Francesco, a system of casemated emplacements such as, for instance, that proposed by Dürer in his treatise on fortress construction (published in 1527), which is regularly arranged and staggered in two emplacement levels, is found only in Taranto – most consistently in the *torrione S. Cristofero*, the rondel located farthest northeast. It is doubtful whether this system of emplacements was devised by him – he did not otherwise advocate this type of systematization.

59 There is a similar constellation in Caprarola, where the Palazzo Farnese – developed from a fortress project by Peruzzi and Antonio da Sangallo the Younger that was abandoned in 1527 – stands at the end of the town exactly in the axis of the main street. It is worth considering whether the concepts of urban aesthetics developed in the early modern period are directly linked to artillery-related considerations or were influenced by a new perception of space shaped by the development of artillery.

This leads us to assume that the real purpose of such an installation is not to protect the town, but to protect the rulers' claim to power. This solidifies the conjecture we already expressed while examining Cagli that the fortification plans of the transition period opt out of defending the town itself, or are incapable of doing so. Instead, the fortress limits itself to placing the town under questionable protection because of the possibility that from the *rocca* the whole town can be reduced to rubble at any time. However, we must not forget that the attacking forces must concentrate on the *rocca*, the most strongly fortified part, which is moreover self-sufficient as far as defense technology is concerned. — The defense of a whole town does not become possible until after 1527, after Sanmicheli develops the first, so-called old Italian, bastioned system, which offered a very useful solution, especially from an economic viewpoint. For town fortification in the late Quattrocento would probably, according to prevailing ideas at the time, have had to look like the fortress in Taranto [tav. 27], transferred to the scale of the town, with walls that were still comparatively high and immensely thick, a sufficient number of good-sized rondels etc., and would thus have involved a huge, unaffordable expenditure. Thus, while the town would to some extent have been protected, control of the town would have been far from safeguarded.[60]

To sum up, the *rocca* in Mondavio would have fulfilled its purpose satisfactorily from an engineering point of view, had its missing sections been supplemented. What is problematic, beside the height of the *mastio*, are the inadequate defense of the moat and the plan of the gun emplacements, which continues to be somewhat unclear.[61] As far as we can judge the installation without knowing more details about the sections that were not implemented, it appears that when the builders drew up the plan of the stronghold, they relied on the full operational capability of all the equipment, and no provision was made for possible disruptions.

The fortress of the transition period significantly differs from medieval city fortifications, which were based on passive concepts, insofar as in a sense it must be regarded as a weapon, or a weapons system – though not yet to the same extent as the modern fortress, whose basic idea is a constellation of cannons. Though its form is explicitly new, it cannot easily break away from the archetype of the fortress, perhaps because it cannot be functional without this reminiscence. Thus perhaps the war machine, a term regularly used to refer to Mondavio – Weller calls it a machine of war, and it is regularly called *macchina bellica* in the Italian literature – is by nature more an icon than a technical installation and our perception of the fortress as a martial instrument is a late echo of an extremely successful iconic and rhetorical operation of Francesco that presents to us a structure which is imperfect in many respects as an icon of fortification whose image is so strong it does not have to be scrutinized. As a matter of fact, none of the truly functional, but quite unspectacular later fortresses is a match for the *mastio* of Mondavio when it comes to suggestive iconicity. In other words, the *mastio* is not a machine of war, but a martial sculpture.

In order to judge this it is important to identify the technical and functional aspects of the form. The treatise describes the mastio as an octagonal tower. However, the drawing suggests that it has at least ten sides of unequal length, an elongated structure that is to be inscribed in an oval. However, the drawing does not allow reliable conclusions as to Francesco's intentions: the narrow form of the *mastio* seems to be due to lack of space on the paper. The implemented structure shows a regular plan only in the case of five areas, starting with the one adjacent to the structure connecting to the *mezzaluna* [1; →fig. 20, p. 34] and then clockwise on to the southwestern one [5], which with its spectacular twist contributes considerably to the sculptural character of the whole. The remaining areas [6–10] detach themselves from the simple geometric figure and form a series of alternately retracted and flared folds in irregular rhythm and with pronounced asymmetry.

The above-mentioned lopsided area is not the only conspicuous feature that draws an architect's eyes, conditioned to expect rational symmetry and organizing regularity, into states of sculptural confusion: thus, for

60 The decisive step significantly takes place in Verona, which was not ruled by a noble family or a tyrant, but enjoyed comparative freedom under the Republic of Venice. The Veronese and Venetian families thus had common interests, and consequently the defense and protection of the town itself took priority over securing control of the town. The option of destruction as a practical rhetoric of defense cannot continue to exist here. — Circumstances are different in Florence, where in the *fortezza da basso* the cannons are aimed at the town. This ingenious military machinery was set up at tremendous expense in a mere three years, between 1534 and 1537, by Antonio da Sangallo the Younger at the behest of Alessandro de' Medici, who with its help wanted to ensure his family's rule – only recently regained and all but uncontested – over the potentially insubordinate town in a time of increasing political turbulence. One of Italy's first citadels, it was meant to control the town, but on the other hand it was intended as a sort of indirect protection against an external enemy, since, because of its potential for destruction, the idea of occupation would hardly appear attractive.

61 Buratti and Palloni note that the fortresses of the transition period are characterized by *una diffusa presenza di casematte per l'utilizzo di artiglerie a fuoco*, a somewhat diffuse presence of casemated gun emplacements (2006, 229).

instance, the constellation that causes the confusion – i.e., the fact that the two lines which horizontally limit the surface are not on the same plane – appears in other places [4, 6, 7, 10], where the problem is solved by means of two plane surfaces intersecting in an oblique, rising straight line. What is involved in every case is connecting the excessively high, sloping foundations with the small prismatic ›neck‹, whose sides are not parallel to the lines of the ground plan of the first floor. Machicolations with greatly lowered corbels grow from this ›neck‹, as the supporting structure of the overhanging upper floor.

Yet, as a closer look at the vertical diffentiation shows, here too things are much more complicated than they appear at first glance. On some sides [1–5] the sloping foundation and vertical neck are separated by a thin crown, while elsewhere they meet at a precisely drawn fold [7, 10], and at another point it is not possible to determine the separation between the slant and the vertical surface exactly, since it is slurred in a way that is not very transparent [5]. The height of the neck is uniform in half of the sides, but in the other half all order disintegrates. Also the angles of slope are not the same, and in the two middle segments of the ›retracted‹ northwest front [8, 9] there is no slope and the vertical neck was simply pulled down. Added to this complex of inconsistencies, logically and inevitably, are the prominent lines of the edges, which are partly straight, partly broken, and the place of the bend is sometimes but not always accentuated by the bulge that runs around the structure only fragmentarily between the slope and the neck, while it is almost unnoticeable in another place.

Confusion in the monumental, in a manner of speaking, and if one tried to describe it in more detail, the whole thing would sound even more bewildering. However, the work refuses to be seen as disorder; the structure merely evades the kind of architectonically interpretive study that is tectonically oriented. In its sculptural organicity, meanwhile, it does not lack consistency in the least. On the contrary, the consistency of the work's specifically sculptural aspects stems precisely from the fact that it is impossible to construct a tectonic plan that is free of contradiction, and a geometric hierarchy.

And yet what we have seen demands an explanation. There are two ways to do this: the technical approach, which examines what is both actively and passively due to the war machinery, and the historic approach, based on the fortress' genesis – which might, in the absence of useful sources, have to somehow make do with a reconstructed, speculative history of the building.

It is to technical considerations that the pleated indentation on the northwest side owes its form. The occasionally voiced assumption that the reason for the different orientations and angles is to avoid frontal hits does not adequately explain the specific complexity of the form. Once the parts that are represented in the treatise but not implemented are added to the ground plan of the existing installation [→ fig. 18, p. 32], the derivation of the form becomes plausible: the orientation of the *mastio* at an angle to the axis of the implemented fortress and the layout of the folds are chosen in such a way that all projecting parts – *rivellini*, *mezzaluna*, residence building, courtyard and west tower – can be controlled from the *mastio*, meaning that they can be bombarded from different directions [→ fig. 21, p. 35]. The concept resembles that of Cagli, only the definition of the problem here in Mondavio is more demanding, with the added issue of access control.

The formal inconsistencies, i.e., the paralogisms of the configuration, are a more complicated case. It's true that it is only partially valid to call them arbitrary, since one thing follows from the other and all of it together can be attributed to the fact that the ground plan form of the base and that of the ›neck‹ or tower shaft are not congruent. But it is precisely this noncongruence that is puzzling. Even the planning of the resulting skew surfaces entails many problems, and their implementation is far more difficult than that of plane surfaces.

Apart from the occasional conjecture that the purpose of the skew surfaces is to reduce the effect of possible hits,[62] it is hard to determine how they benefited the fortress; at best, topographical disadvantages, such as insufficient space, could be compensated for by a steeper angle of slope, and yet the surrounding area of the *rocca* gives no reason for such a speculation. Moreover it would have been easy to align the upper floor, which seems not to be tied to a regular geometric figure, with the geometry of the base, thus avoiding the conflicts of the form.

Viewed from a geometric and architectural perspective, the effect of the whole is rather desolate, as if the builder, having only a vague idea of the plan, had tinkered with it as it was being implemented, not like an architectonic planner, but like a sculptor who gradually

62 There are at least two arguments against this assumption. First, the deviation from the plane surface is minimal, and it would undoubtedly have made more sense to make the base narrower and more distinctly folded, as was the case in the *Torre di San Giorgio* and the *Torre del Beverello* of the *Castel Nuovo* in Naples – Francesco was substantially involved in that installation – and second, considerations of this type on the part of Francesco would certainly have left traces at least in the late versions of his treatise.

builds up his sculpture from clay and thus finds his way to the precise form as he works – a process that leaves its traces in the definitive form.

Of course it cannot have been like that – and yet it is possible that a clue to decoding the form may be found in tentatively considering such a sculptor's approach, suggested by the unusual plasticity of Francesco's architecture. For if we examine the ground plan of the *mastio*'s first floor, we find references to the history of its construction and, in these references, points of departure for the attempt to understand the plan as a whole. By the large, roughly rectangular room in the middle, it is possible to gauge the position, size and form of the earliest building we know about, a medieval tower[63] that forms the core of the early modern *mastio* and thus determined its position. This core building was considerably expanded toward the end of the 15th century and, as we have reason to believe, given its present form by Francesco di Giorgio in two stages.

A ring-shaped circular corridor provides access to miscellaneous differently shaped installations. On the side that faces the moat we are struck by several rooms in the shape of emplacements equipped with embrasures, which, however, end in a wall and have no connection to the outside. On the other hand, narrow, elongated spaces located between them have been put through to the outer surfaces; the connections between the corridor and these spaces are shaped like embrasures. This suggests that we are looking at remains of a first expansion phase of the medieval core, whose installations were then, in a second phase, partly incorporated in the new plan, but partly simply left, having lost all function. The ground plans of the emplacements and the layout of the embrasures allow us to draw precise conclusions regarding Francesco's first tower [→ fig. 22, p. 36].[64]

Thus it is possible to reconstruct fragments of a core building with a polygonal ground plan, with walls whose base was slightly sloped, and caponiers placed in front of its corners – four can be identified, facing the moat [1-3]. These caponiers, installed for the purpose of defending the moat, and on a small scale anticipating the pentagonal bastion in form and function, give us every reason to believe that Francesco was responsible for this first expansion phase as well, since, as he emphasizes, they are his own invention; he calls them *capannati* and describes them in detail in the late versions of the treatises.[65]

However, the south side [4-7] contradicts the idea that this fragment could be completed to form a closed and fairly regular octagon, giving us the *torre a otto facce* described by Francesco in the treatise; if we make the likely assumption that the interior rooms of the ground floor are essentially part of his first intervention, then a regular, symmetrical form of the first floor's ground plan must be excluded. The tower must from the beginning have had a wider base on the side that faces the countryside: its interior structure – gun emplacements, soccorso, access passage, as well as several hollow spaces that cannot logically be explained – does not permit us to assume that this part originated from a similar constellation as on the east side. Caponiers cannot have been installed here, particularly because there was no need for such a parapet on this side, since the projected west tower would have guaranteed protection.

Thus even in Francesco's first project an asymmetrical form must be assumed for the lower part, a form legitimized by the asymmetry of the threat. From the direction of town and from the moat [1-3] the artillery represents no danger, which is why here the tower walls can be perpendicular except for a slight slope in the base, and the caponiers offer protection against operations at close quarters. From the opposite direction [4-6], on the other hand, the main danger comes from cannons, which is why here the walls have been reinforced and built with high slopes. The last caponier clockwise, clearly asymmetrical [3/4] would thus form the transition to the sloping, protruding wall segments. That this kind of inconsistent shape, reminiscent of medieval *Schnabeltürme* (wedge-shaped towers), lies within the realms of possibility for Francesco is shown by several drawings in the treatises, such as one of a tower in the Codex Magliabechiano [→ fig. 9, p. 21], or of a fortification with a polygonal *mastio*, not unlike that in Mondavio, with walls facing the fortress that are perpendicular, but distinctly sloped outwards [→ fig. 25, p. 39].[66]

As in most of the projects recorded in the treatise, there was a prismatic shaft in the upper part of the tower, a more or less regular octagon as one might imagine. There is evidence to support the assumption that the shaft had already made much progress or had even been completed when Francesco began a thorough redesign of the project, and that his first structure could still be recognized in one section of the perpendicular parts of the wall, i.e., the section referred to

63 Mentioned in a document dated 1396 in connection with maintenance work on the town fortifications (Buratti, Palloni 2006, 253).
64 Cf. Buratti and Palloni 2006, 234 ff.
65 Codices Magliabechiano 54v, 55; Senese 25, 25v (Maltese II, 439 ff. & tav. 249).
66 Codex Torinese Saluzziano 5 (Maltese I, tav. 5).

above as ›neck‹; indeed, the hypothetical octagon of the tower shaft can to some extent be superimposed on the regular sides of the ›neck‹. The part that had already been carried out could then be modified quite simply: if we assume that the side facing the town corresponded fairly exactly with what Francesco represents on page 76v of the Codex Magliabechiano, then the tips of the caponiers now became the vertices of the new ground plan figure. The spaces between them could simply be filled in and closed off with high sloping walls – involving severe breaks in the defense of the moat, for with the few still existing loopholes and their greatly limited field of fire it would not be possible to defend the moat adequately [→ fig. 23, p. 37]. The southwest side, too, was probably reinforced in the course of the redesign. However, if the base had been widened everywhere to the same extent here, the field of fire from the planned west tower would have been curtailed and the protection on the flanks would have been distinctly impaired at one critical location [5] – it would not have been possible to see this side, let alone hit it, either from the fortress or the town wall, and an attacker could have operated undisturbed in the dead space. The simplest explanation for the skew surfaces is to be found here: only if the corresponding edge [5/6] was made steeper was it possible to ensure that the entire area around the *mastio* could be swept by the guns – always assuming that the fortress had been built on the scale projected by Francesco.

If we speculate about the reasons for reinforcing the mastio in such a costly way and thus practically dispensing with the moat defense that had painstakingly been worked out earlier – therefore, reasons that must have been important –, we would need to consider the fact that even though the too-weak exterior walls of the corridor which runs around the *mastio* on the moat side are not in danger of bombardment, there is the risk of being mined, a risk that had originally perhaps not been correctly assessed. That fact jeopardized the efficient operation of the entire *mastio*. Moreover, the introduction of smaller, more easily maneuverable cannons, whose iron balls made possible a more precise and thus more effective bombardment of the foot of the walls, might have played a role particularly for the flanks, which faced the countryside.

Disproving the hypotheses of the development of Francesco's mastio in Mondavio is like cutting off the heads of the Hydra: when one thinks one has gotten rid of one inconsistency, a whole series of new ones appears. Yet even if it is quite impossible to produce a consistent model of the intentions and development stages based on what has been said above, there is a suggestion of at least the essential aspects of an explanation for how the conspicuous features of the mastio came about: we may assume it is indisputable that Francesco himself provided his first version of the tower (an expansion of an original medieval structure that can still be discerned in the core) with a sheath.

In this step-by-step completion of the medieval core structure the architect's work again begins to resemble that of the sculptor building up his work out of clay. For the two processes are similar: the mastio was created in several layers. The process of form finding took place gradually, in sheathing and expanding. The genesis left its formative traces in the visible form, and the original was preserved, concealed yet defining, even if merely as a question, in the final version.

Of course what took place here was no Promethean kneading. Yet in the process of form finding, which for a moment resembles the work of a sculptor (which Francesco was, after all) is the key to understanding the typically sculptural appearance that is characteristic of the *mastio* in Mondavio, more than all the other fortifications designed by Francesco. These others, too, are remarkably sculptural – think, for instance, of the completely atectonic swelling corporeality of Sassocorvaro or the crystalline logic of the *rivellino* of Costacciaro – and this helps us to eliminate an objection, namely that the form in its sculptural complexity and organicity was not at all originally intended by the architect, but accidental, attractively freakish, so to speak, produced by the calamities of a contradictory genesis and thus merely pieced together any old how. Here we must remember a quality for which Francesco has often been praised – his ability to combine difficult givens, half-finished, existing and found material with elements of his own into a coherent whole, allowing it to merge and reach consistency, the goal of the aesthetic process, if necessary by fusing contradictory elements and emphasizing paralogisms. We must not underestimate his love for playful variety, a tendency generally severely limited by a strong pressure toward regularity. However, legitimized by practical constraints, in a technical emergency as it were, one's creativity is unleashed.

The need to redesign his project and the resulting constraints may have offended the architect, but in other respects brought with it a liberation from limitations and a license to play delightedly and imaginatively with the boundaries of architecture.

THE FORTRESS AND THE SIGNIFIER

It is now time to turn our attention to the other aspect that has guided our reflection – the signifying function of Francesco's fortifications. Our assumption here is that his goal was at least partially to make up for the functional shortcomings – shortcomings that probably could not be exactly analyzed when the fortresses were first built, and that could not be rectified within the bounds of the imaginable – and to compensate for them by the precision with which the structures were considered and developed as signifiers. This can most clearly be shown if we use the example of the *rocca* of Mondavio, since it allows us best to assess technical development in Francesco's mature projects. It then becomes clear that no less attention was paid to the signifying aspect of the structures than to their technical functionality. Indeed, they undoubtedly function better as signifiers than they do in terms of artillery, and more effectively than the works not only of contemporaries but in certain respects even of succeeding generations of architects. The architects who came after 1527 had in principle solved the technical problems, so that from now on fortification as a signifier needs to be regarded from a totally different point of view and, in order to be able to fulfill its purpose, must have as its goal a reference to the newfound successful type. In Francesco's work, however, the success of the signifier depends on a quite specific constellation of indeterminacy and alienation on the one hand and exactitude on the other.

Let us visualize the starting position once more: fortification architecture has lost every one of its dependable patterns; all the old models are useless, their meaning as signifiers has turned into its opposite, and now it is necessary not only to reinvent its mechanics from the ground up – not a convincing success in Francesco's lifetime – but the appearance of fortifications must also undergo a radical change, while at the same time new technical functions have no reliable guideline to offer. If we draw an anachronistic line of separation - between the thinking of the engineer and that of the architect[67] – a distinction that could not be made in the Quattrocento – then the technical and functional aspects belong to the sphere of the former, while aspects of aesthetic significance belong to that of the latter. The transition to fortification architecture in the 16th century marks the split like nothing else: the grandiose mannerism of Sanmicheli's town gates of Verona makes them decorative additions in the sense that they are an ornamentum, if we use Alberti's term, of an installation otherwise conceived as totally technical and functional, i.e. engineering-oriented. The gates are symbols as well, yet emblematic, iconographic.

On the other hand, examined in terms of their iconography, Francesco's fortresses in the Marches, iconic as little else is, do not have a meaning that can be understood exactly. In a remarkable and idiosyncratic way they seem to elude analytical readability. Their martial aura, though unquestionable, cannot be accurately defined, remains blurred. As signifiers, too, they show they are rooted in something organic, something that cannot be analyzed: in their purest forms – Sassocorvaro, Costacciaro, Cagli, Mondavio – they are monumental signs, signs in and of themselves, and, apart from this specific iconic character, which refers to the whole, they are free from iconography.

Meanwhile, Francesco's structural signs, in their exclusive border region of architecture, definitely do have such features as abstract precision and at the same time the indeterminacy of the purely sculptural, but this in no way impairs their explicit link to their purpose. And it is precisely this alienation that makes their function as a signifier within its specific field really usable.

Francesco's achievement is that he imagined and developed his fortresses as signifying structures although there was no reliable, resilient canon of architectural models available to him, i.e., within the realms of what was at best an extremely diffuse typological relation. It is precisely in this sense that they must be regarded as monumental – in order to be able to exist as a structure they need this monumentality, because their technical inadequacy can be compensated only by this kind of semantic inverse operation: only the radical monumentality of the signifier is capable of replacing the desideratum – a type that is born of its function and refers to this function – in a construction project which by its very nature can be justified only as technical and functional. The function of the signifier that is the fortress is thus to compensate for the lack of functionality. In order to achieve this, Francesco uses the indeterminate, indeterminable aspect of the fantastic – or so we assume, in light of the fact that we are unable to learn about the nuances of conditions from which we are separated by more than half a millennium other than through a mirror image of our own selves at an exoticizing distance.

In this genre of the fantastic we think we can discern the goal of Francesco's typological and semiological ventures as a noteworthy interface of functionality and aesthetics on the operating table of architectural morphology. Seen from a historical perspective, he is on the wrong track, going down blind alleys, but that is in the

67 The attempts of heroic 20th century modernity to do away with the separation and to regard the work of an architect as identical to that of an engineer no doubt tend to be polemical constructs in the somewhat threadbare guise of the analytical.

tentative nature of his work. On the other hand, his task demands precise signifiers, and a study of the fortresses in the Marches leaves no doubt that he succeeded in making every one of his building projects, regardless of the diversity of their forms, icons of the martial.

But an object as a symbol cannot be invented from scratch. In order to serve as more than a symbol merely for the inexplicable, the object needs to be strongly related to a (hi)story, i.e., a traditional context within which it is able to refer to something. With semantic elegance and precise assurance of form, Francesco here uses the elements and design of an architecturally unencumbered, yet highly developed related art form that is associated as nothing else is with warfare and fortification – the armorer's trade. What this art form has in common with architecture is that it is close to something we would call free sculpture. In the first half of the Quattrocento the Missaglia family in Milan, the leading armorers of their time, had developed the Italian style of armor, monumental, lacking any ornament, »giving the impression of eminent matter-of-factness with its large-scale, massive forms […].«[68]

The highly developed, extremely precise stylistic idiom of the armor retains its undiminished effect even centuries after it fell into disuse – or even millennia later, if we remember archaic Greek armor and helmets, for instance[69] –, although it can no longer be associated with any sort of practical use. We cannot but suspect that it bears the imprint of a deeply ingrained cultural-anthropological aesthetic model: the succinct formation of the aesthetics of an anthropomorphous *terribilità*, closely related to the ritual mask. The distinctive forms of armor are so striking that objects which invoke them can generate a powerful martial aura [→ fig. 26, p. 41: four 15th century helmet types: armet, grand bacinet, sallet, jousting helmet; fig. 27, p. 43: Urbino, Ducal Palace, *studiolo*, east wall (detail): inlaid work showing the armor of Federico da Montefeltro]. We are not speaking about a rhetorical iconographic relation that uses the signifier as a medium in order to convey its message, as is the case with the examples mentioned at the beginning, borrowings from arsenals of forms extraneous to architecture by simply shifting the scale. Rather, this is about iconographic relation through a direct impression that operates not by quoting concrete objects but by referring to an aesthetic canon established in a related context. In other words, Francesco does not build a fortress in the shape of a helmet enlarged to giant size, something like a rhetorical *architecture parlante*, but uses abstracted general formal principles that are characteristic of Quattrocento armor.

Thus his structures are definitely not representations – the *rocca* in Sassocorvaro does not imitate the form of a bacinet or a sallet, but shows a ›flowing‹ organic form peculiar to these helmets; the asymmetrical skew surfaces of the *mastio* in Mondavio have parallels in the cuirasses of Milan without trying to represent them, and its overall form indicates kinship with a jousting helmet, though it cannot be called a quotation.

Francesco's goal is appearance, iconicity, not depiction. Since the intended effect is something genuinely martial intrinsic to the object itself, it is of course necessary to avoid at all costs the impression of something depicted.

This curious iconicity beyond depiction is an unusual approach for the history of architecture. It was born of necessity – from the specific situation that here no type was available for a construction project to which the icon could have been applied, that every reference to a type would have undermined the aim and purpose, and that moreover a satisfactory technical accomplishment of the task was not yet possible, but that it was essential to imply by the aesthetic means of the structure that it had been accomplished. This approach was not destined to have an afterlife worth mentioning: with his reinterpretation of fortification buildings in 1527, Sanmicheli cut the Gordian knot and imposed a new direction on future development, away from dramatic, monumental strategies that might have been referred to as intrinsically ›architectonic‹.[70] Be that as it may, Francesco nevertheless succeeds, perhaps for that very reason, in developing the fortification into an

68 Peter Krenn in: Kühnel 1992, lxxvii.

69 To mention only a few of a whole flood of adaptations of this armor in sci-fi and fantasy movies and comics, there are the costume and mask of the iconic Darth Vader in George Lucas' 1977 *Star Wars*, and the well-known depiction of Hitler as a knight in shining armor, which, notwithstanding the fact that it seemed to plumb the depths of the ridiculous, was probably meant to be taken totally seriously.

70 However, a distinction between the art of the engineer and that of the architect is made for the Quattrocento at best only when it comes to tendencies. In his book about Specklin, Fischer (1996, 52) makes a rather disparaging statement about the value of architectonic approaches in the building of fortresses – as opposed to those of 16th century engineers. Writing about developments in Italy before 1500, he says: »Architects, too, with their artistic talents and knowledge drawn from Vitruvius were unable to cope with the new military tasks, although the greatest among them initially worked on these projects. […] Their buildings had a more monumental, purely architectonic character.« This applies to Francesco only in a limited way, however, for his initial work was in a field reserved to engineers – the building of water conduits – and his architectonic work in the narrow sense of the term does not begin until later, when, probably around 1477, he becomes Laurana's successor in Urbino. We believe that throughout his life his architectonic thinking was characterized by a leaning toward all that pertains to engineering.

art form of his own. We believe the aesthetic standard that is characteristic of his buildings compels us – or makes it possible for us – to perceive them as works of art.[71] This is partly because his fortresses have the distinction of being beautiful – not because the buildings are ornamented by the addition of beautiful detail, but because their design is beautiful by its very nature: a distinctive aesthetics of *terribilità*, a monumental beauty that is not accident, but the substance of the work, which cannot be separated from the object.

The special, quasi avant-garde situation in the environment of Urbino that encouraged the experiment, and the specific conditions, the uncertainties and indeterminacies of fortress construction in the last third of the 15th century, allow Francesco to leave the narrow framework of architectonic convention – which includes conventional architectural development as well – and to adopt a field that gave him the opportunity to tackle the very frontier of architecture on the periphery of the architectonic. In the speculative freedom of this sculptural space – and perhaps only here – his genius was able to unfold to the full.

OLAF METZEL, *Auf Wiedersehen*, 2006
120 × 80 cm; Bleistift, Pastellkreide und Kohle auf Fabrianokarton

LEAVE STONE ALONE!

Olaf Metzel

»THROWING A STONE as a sculptural act« was the title of an interview I conducted in 1990.[1] Of course we were talking about radicalness, but also about what happens when you cast a stone in the water and watch the circles grow. Or when you're a kid with a rock in your hand walking down the street past the houses and drawing a line. Actions that may not mean anything but may simply have something to do with motor skills. Think of Krazy Kat getting hit on the head over and over again with bricks thrown by Ignatz Mouse and interpreting this as a token of love. These are recurring motifs that work as iconic metaphors, but at the other end of the spectrum is the Invisible Committee with its »coming insurrection«. A book that starts as follows: »The present is hopeless, and for those who want absolutely to have hope it knocks down every support. Those who claim to have solutions are proven wrong almost immediately. It's understood that from now on everything can only go from bad to worse. There's no future for the future.«[2]

Anti, pseudo, counter, extra? Then and now? Leave stone alone, stay with stone. There is some truth to all such sayings. But what is of lasting value?

If you mention the name Francesco di Giorgio Martini in conversation, you often get puzzled looks. »Who did you say? Isn't that the one who…?« Most frequently, though, you get the honest reaction »Never heard of him«. These are the types of responses you generally get. My goal here is to write neither a polemical excursion nor a political tract. I want to write about attitudes, about power, assertion, and its opposite.

And about what it's like when you're ahead of your time.

COMING FROM TUSCANY, I first drove to the Marches in 1993. At first glance you would not really associate the landscape there with the classic image of Italy. If there is such a thing as a visual diary, you remember, driving past, glimpses of buildings, towns, villages you've supposedly seen previously. Was it the topography, was it some of the fortresses? At any rate, I was struck by fortifications the likes of which I had never seen before, or had I? Where had I seen them, and when? Who was this architect?

Mostly, the memories are fragmentary, and I try – unsuccessfully – to fit them together into a whole.

WHEN I GRADUATED at the end of the '70s I wrote a paper about *sfumato* in the works of Donatello (1386–1466). I studied his reliefs and the *chiaroscuro* effect associated with them, the representation of space involving light. In the course of my research on this topic I also came across Francesco di Giorgio Martini, actually an architect, who – according to art historians – was also a sculptor and painter. The most well-known of these are three small relief plaques: *La discordia* (Discord), 1477–80, in two versions, one in the Victoria and Albert Museum in London, the other in the Palazzo Chigi-Saracini in Siena; the *Flagellazione* (Flagellation), approx. 1478 [→ p. 46], now in the Galleria Nazionale dell'Umbria in Perugia, and the *Deposizione* (Descent from the Cross) in S. Maria del Carmine in Venice.

The way these reliefs were structured, the way imaginary three-dimensionality was associated with the effect of the lateral light was not only fascinating but also produced an incredible tension that had never been seen before. The figures are modeled with an ease

1 »Der Steinwurf als plastische Handlung«, Interview with Ulf Erdmann Ziegler, in: die tageszeitung, 29 August 1990.

2 The Invisible Committee, *The coming insurrection*, http://tarnac9.noblogs.org/gallery/5188/insurrection_english.pdf

that almost seems flippant, a casual sketch. Nothing had been worked out in detail, as in the work of Donatello or other sculptors of his time. Nevertheless every scene had something definitive about it, even though at first glance one might think it was merely hinted at. Revealing the light touch of a painter, almost impressionistic and disrespectful, they had incredible freshness.

And this was supposed to be an architect?

THE MOSAIC came together for me in the Marches once I had seen buildings by Francesco di Giorgio Martini in the original. Were these *fortificazioni* or sculptures after all? A sculptor who was also an architect. Not to mention the treatises he also wrote.

Since his outdoor »architecture« is a signifier, could it also be called Land art? Particularly in view of the fact that it is nonfunctional?

What is the meaning of the inside of the outside? The dialectics between intimidation and protective space, which was the intention of the installations? This depended on who the observer was – in those days was it the population or the attacking troops? The context for this was the ruler's own marauding soldiers, who were generally forced to serve in the army. That was why the inner courtyards where the soldiers lived often resembled prisons. Which reminds me of Marlon Brando, who said: »Just because they say ›Action!‹ doesn't mean you have to do anything.«

IN THE BUILDINGS we find a great variety of motifs that partly have recognition value, yet predominantly describe how Francesco di Giorgio Martini dealt with the topographical situation. Signifying fortifications that were meant to be functional, but even in their own day no longer fulfilled their actual purpose. These are recurring signifiers, one might almost think trademarks, as is customary in architecture as well as in art. Francesco di Giorgio Martini was actually an artist and theoretician.

What was influential about his work was his approach; how he dealt with the period, with the places as settings; and the variability and flexibility of the buildings, which can perhaps be described as a *processo infinito*. The fact that he was in great demand during his lifetime, overloaded with commissions, allowed him to deal confidently with the builder-owners. By comparison, the present-day scene in architecture is rife with event-driven architecture and city marketing. Cities want to have signifiers, whatever the cost. This is also about the builder-owner, the arrogance of power, and monuments of power, regardless of whether the system is centralistic, feudalistic or democratic. One cannot speak of »mutual aesthetic enrichment«, let alone respect here, for often it is the architects who have to bend over backwards until the client is happy. Is it different for artists?

It is irrelevant that a fortification becomes a building meant merely to enhance the ruler's image. What is crucial is that it is Francesco di Giorgio Martini's way to freedom, which allows him to »do his own thing«. Even where defense itself was not of paramount importance, massive presence and the assertion of power were dominant factors. There was always a formal conclusion, so that representation became deterrence. San Leo with its strategic location was both a fortress and a residence with a view, a bold setting that dominates the landscape, political architecture. Consequently, it was used as a prison from 1631 to 1916. Today it is a museum, and over-renovated, so that only the bold setting is still impressive, and little can be learned about the building's actual purpose.

IN 1998, I WAS INVITED to implement a project in the *Fortezza di Montalcino*[→ p. 44]. On the way there I visited Cagli. Again I saw the oval fortified tower. As I drove through the Apennines along endless switchbacks, I was struck by the long lines of cyclists. It was Sunday, and it almost seemed as though every Italian between the ages of eight and 80 – wearing a suitable outfit, of course – was on the road with his racing bike. It's a favorite recreation. Forced to constantly dodge cyclists, I remembered the oval form of the tower. Why not incorporate a cycle racing track (*velodromo*) in the court-yard of the fortress? A spontaneous chain of associations – the work was a huge success. More than 600 cyclists came to the opening. The race was called *Il Granfondo del Brunello* and was organized by the local cycling club.

Two years later I again took up and elongated the formal basic structure of an oval in Munich-Riem. It is a closed body, slightly bent in the middle, consisting of braided steel gratings, jutting out over a wide flight of stairs. The title: *Nicht mit uns* (Not in Our Backyard).

The obvious point of departure for the sculpture *Auf Wiedersehen* (So Long), 2006 in Nuremberg, was the history of the central market of Nuremberg. During World War II, the *Schöner Brunnen* (Beautiful Fountain) was encased in concrete slabs as a safeguard. This was a stimulus for my work, but originally I had no idea how to put it into effect. Some time earlier I had made several charcoal drawings of the Mondavio tower. I had been interested in the twist, if one could even call it a twist. Perhaps I had only exaggerated this aspect in my drawing; at any rate, this seemed to be the solution for my formal problem in Nuremberg. From there it was only a small step towards reworking this on the computer, developing it into the finished blueprint and then implementing it.

THE ABOVE-MENTIONED EXAMPLES are outdoor projects. That doesn't mean similar solutions are not conceivable for interiors. Let me emphasize, though in an associative style, the many different interpretations, including the abstract sculptural drafts, offered by Francesco di Giorgio Martini. In every case the buildings are not only a challenge for us to confront them with contemporary situations, but also a potential way of representing readability. The openness of the architecture and the diverse installations of the originator clearly show that these are sculptures. This also addresses the theoretical approaches of the treatises. Even though what is primarily involved is defense engineering, their author makes observations, in his own period and beyond it, which – with the exception of Leonardo or Alberti – did not exist in this form. He is no one-track specialist, but his thinking is universal, hardly imaginable in our day and age. He is capable of imagining new and different situations; he is curious, invents solutions. In a word: a genius.

Some of the fortifications were constructed in such a way that they could be destroyed by the defenders themselves to keep them from falling into the hands of the attackers. One more example of forward thinking, or auto-destructive art? Whatever the case, one could cite Bakunin, who considered destruction to be a creative act.

PERHAPS THE WORK WAS unintentionally truly revolutionary. Was it Pop Art or counterculture? Even if buildings are used as quarries, sculptures are toppled from their pedestals or melted down – something will always remain: if nothing else, the architect's or sculptor's self-assurance and approach. Two professions or vocations? When I see the work of fellow artists, I think every one of them has a different profession. Fear of contact? Is there a dividing line? Inventor, engineer, architect, subcontractor? Is it a mixture of these? Is there no unity? This question did not occur to Francesco di Giorgio Martini and his contemporaries, but allows us to make a reference to the present.

STAY WITH STONE, if properly placed.

LITERATUR
References

ACKERMAN, JAMES SLOSS, *The Villa. Form and Ideology of Country Houses*, London 1990.

ADAMS, NICHOLAS, »L'architettura militare di Francesco di Giorgio«, in: Fiore, Tafuri 1994, 114-150.

AROMATICO, ANDREA, »Ottaviano Ubaldini: Il principe-filosofo e la rocca di Sassoorvaro«, in: Atti (...) 1996, 21-39.

Atti. Convegno di studi storici, 24 ottobre 1993, *La rocca di Sassocorvaro. Ricerche su un enigma di architettura*, Sant'Angelo in Vado 1996.

BAGATIN, PIER LUIGI, *Le tarsie dello studiolo d'Urbino*, Triest 1993.

BAIER, CHRISTOF und HILLIGES, MARION, »Bastion – quasi prora. Analogiebildung und Formübertragung in der Defensivbaukunst bei Alberti, Francesco di Giorgio und Leonardo«, *Insitu* 2010/2, 203-216.

BÖHME, HORST WOLFGANG; FRIEDRICH, REINHARD; SCHOCK-WERNER, BARBARA (Hrsg.), *Wörterbuch der Burgen, Schlösser und Festungen*, Stuttgart 2004.

BONDIOLI, MIRIAM (Hrsg.), *Armature milanesi*, Casatenovo 1965.

BURATTI, MASSIMO und PALLONI, DINO, »Ripensamenti quattrocenteschi nel disegno della rocca di Mondavio«, in: Colocci 2006, 229-253.

BURNS, HOWARD, »I disegni di Francesco di Giorgio agli Uffizi di Firenze«, in: Fiore, Tafuri 1994, 350-377.

CACIAGLI, GIUSEPPE, *Il castello in Italia*, Florenz 1979.

CERBONI BAIARDI, GIORGIO und FLORIANI, PIETRO (Hrsg.), *Federico di Montefeltro. Lo stato, le arti, la cultura*, 3 Bde., Rom 1986.

COLOCCI, FRANCESCO (Hrsg.), *Contributi e ricerche su Francesco di Giorgio Martini nell'Italia centrale*, Urbino 2006.

DECHERT, MICHAEL, *City and Fortress in the Works of Francesco di Giorgio. The Theory and Practice of defensive Architecture and Town Planning* (Diss.), Washington (D.C.) 1984.

DODERER, HEIMITO VON, *Die Dämonen*, München 1956.

EBHARDT, BODO, *Der Wehrbau Europas im Mittelalter. Versuch einer Gesamtdarstellung der europäischen Burgen*, 3 Bde., Berlin 1939 (I) und 1958 (II & III); Nachdruck Würzburg 1999.

ERICSSON, CHRISTOFFER H., *Roman Architecture expressed in sketches by Francesco di Giorgio Martini*, Helsinki, Helsingfors 1980.

FIORE, FRANCESCO PAOLO und TAFURI, MANFREDO (Hrsg.), *Francesco di Giorgio architetto*, Mailand 1994.

FISCHER, ALBERT, *Daniel Specklin aus Straßburg (1536-1589). Festungsbaumeister, Ingenieur und Kartograph*, Sigmaringen 1996.

FRANCESCO DI GIORGIO MARTINI, *Trattati di architettura, ingegneria e arte militare*, hrsg. v. Corrado Maltese, Mailand 1976.

— *Das Skizzenbuch des Francesco di Giorgio Martini Vat. Urb. lat. 1757*, Zürich 1989.

FRANCIOSI, PIETRO, »Rocche e castelli del Montefeltro«, *Rassegna Marchigiana*, VIII, 1929/30, 186-195 & 205-213.

FROMMEL, CHRISTOPH LUITPOLD, *Die Farnesina und Peruzzis architektonisches Frühwerk*, Berlin 1961.

Glossarium Artis, Bd. 1, *Burgen und feste Plätze. Der Wehrbau vor Einführung der Feuerwaffen*, Tübingen 1977.

Glossarium Artis, Bd. 7, *Festungen. Der Wehrbau nach Einführung der Feuerwaffen*, München, London 1990.

GÜNTHER, ROLAND, *Stadt-Kultur und frühe Hof-Kultur in der Renaissance. Federico Montefeltro von Urbino, Luciano Laurana, Francesco di Giorgio Martini. Zusammenhänge zwischen Politik und Ästhetik*, Essen 2003.

JÄGER, MICHAEL, *Die Theorie des Schönen in der italienischen Renaissance*, Köln 1990.

KRUFT, HANNO-WALTER, *Geschichte der Architekturtheorie*, [3]München 1991.

KÜHNEL, HARRY (Hrsg.), *Bildwörterbuch der Kleidung und Rüstung*, Stuttgart 1992.

LANZARDO, DARIO (Hrsg.), *Ritter-Rüstungen. Der Eiserne Gast – ein mittelalterliches Phänomen*, München 1990.

LEDOUX, CLAUDE NICOLAS, *L'Architecture considérée sous le rapport de l'art, des mœurs, et de la législation*, 2 Bde., Paris 1804 (I) & 1846 (II); Nachdrucke Augsburg 1981 (I) & 1990 (II).

MALTESE, CORRADO (Hrsg.), *Francesco di Giorgio Martini, Trattati di architettura, ingegneria e arte militare*, Mailand 1976.

MICHELINI TOCCI, LUIGI, »Federico di Montefeltro e Ottaviano Ubaldini della Carda«, in: Cerboni Baiardi, Floriani 1986, I, 297-344.

MILETTI, GIANCARLO, »La rocca di Sassocorvaro«, *Quaderni dell'Istituto di Storia dell'Architettura*, 55/60, 1963/64, 1-12.

MONTEBELLO, MARIO, *Francesco di Giorgio Martini e Giulianova*, Padua 1994.

NEUMANN, HARTWIG, *Festungsbau-Kunst und -Technik. Deutsche Wehrbauarchitektur vom XV. bis XX. Jahrhundert*, Augsburg 2000.

PALLONI, DINO, »Aspetti tipologici e funzionali delle rocche di Sassocorvaro«, in: Atti (...) 1996, 57-66.

PAPINI, ROBERTO, *Francesco di Giorgio architetto*, 3 Bde., Mailand 1946.

PASTOR, LUDWIG FREIHERR VON, *Die Geschichte der Päpste seit dem Ausgang des Mittelalters*, 16 Bde., [10]Freiburg 1928.

PEVSNER, NIKOLAUS, *Funktion und Form. Die Geschichte der Bauwerke des Westens*, Hamburg 1998 (*A History of Building Types*, Princeton, London 1976).

PIPER, OTTO, *Burgenkunde. Bauwesen und Geschichte der Burgen zunächst innerhalb des deutschen Sprachgebietes*, [3]München 1912; Nachdruck Augsburg 1995.

PIRCHER, WOLFGANG, »Lager und Belagerung. Zur Geschichte des Ausnahmezustands«, in: Schwarte 2005, 110-132.

PROMIS, CARLO, *Il Trattato di architettura civile e militare di Francesco di Giorgio Martini*, 3 Bde., Turin 1841.

REINLE, ADOLF, *Zeichensprache der Architektur. Symbol, Darstellung und Brauch in der Baukunst des Mittelalters und der Neuzeit*, Zürich, München 1976.

REULEAUX, OSKAR, *Die geschichtliche Entwicklung des Befestigungswesens vom Aufkommen der Pulvergeschütze bis zur Neuzeit*, Leipzig 1912.

RITTER, JOACHIM und GRÜNDER, KARLFRIED (Hrsg.), *Historisches Wörterbuch der Philosophie*, 13 Bde., Basel 1971-2007.

ROECK, BERND und TÖNNESMANN, ANDREAS, *Die Nase Italiens. Federico da Montefeltro, Herzog von Urbino*, Berlin 2005.

ROOB, ALEXANDER, *Alchemie und Mystik. Das hermetische Museum*, Köln 1996.

RUMOHR, CARL FRIEDRICH VON, *Italienische Forschungen*, 3 Bde., Berlin, Stettin 1827 (I & II), 1831 (III); Nachdruck Hildesheim 2003.

SANTAGATA, MARCO, »Fra Rimini e Urbino. I prodromi del petrarchismo cortigiano«, in: Santagata, Carrai 1993, 43-95.

— und CARRAI, STEFANO, *La lirica di Corte nell'Italia del Quattrocento*, Mailand 1993.

SEBALD, W. G. (WINFRIED GEORG), *Austerlitz*, München, Wien 2001.

SERRA, LUIGI, *L'arte nelle Marche. Il periodo del Rinascimento*, Rom 1934.

SCHRÖTER, ELISABETH, *Die Ikonographie des Themas Parnass vor Raffael*, Hildesheim, New York 1977.

SCHWARTE, LUDGER (Hrsg.), *Auszug aus dem Lager. Zur Überwindung des modernen Raumparadigmas in der politischen Philosophie*, Berlin 2005.

TATARKIEWICZ, WŁADISŁAW, *Geschichte der Ästhetik*, 3 Bde., Bd. 3: *Die Ästhetik der Neuzeit*, Basel, Stuttgart 1987.

TOLEDANO, RALPH, *Francesco di Giorgio Martini. Pittore e scultore*, Mailand 1987.

VOLPE, GIANNI, *Rocche e fortificazioni del ducato di Urbino (1444-1502). L'esperienza martiniana e l'architettura militare di transizione*, Urbino 1982.

WELLER, ALLEN STUART, *Francesco di Giorgio 1439-1501*, Chicago 1943.

WITTKOWER, RUDOLF, *Architectural Principles in the Age of Humanism*, [2]New York, London 1971.

WÖLFFLIN, HEINRICH, *Renaissance und Barock*, München 1888.

WUNDT, WILHELM, *Logik. Eine Untersuchung der Prinzipien der Erkenntnis und der Methoden wissenschaftlicher Forschung*, 3 Bde., Bd. 2: *Logik der exakten Wissenschaften*, [4]Stuttgart 1920.

ABBILDUNGSNACHWEISE
Credits

p. 8 aus *from* Pevsner 1998
pp. 11, 21, 24, 27, 38 & 39 aus *from* Maltese 1967
p. 13 aus *from* Roob 1996
p. 43 Foto Marisa Caprara; aus *from* Bagatin 1993
p. 44 Foto Olaf Metzel
pp. 45 aus *from* Toledano 1987
p. 46 http://comic-secuencial.blogspot.com/2011/03/la-vineta-inolvidable-iii-me-quiere.html
p. 112 Foto Thomas Dashuber

Die nicht aufgeführten Textabbildungen wurden vom Autor unter Verwendung der angegebenen Quellen neu gezeichnet.
The illustrations not mentioned above were drawn by the author using the sources indicated.

Die Photographien der Festungsanlagen wurden zwischen Mai 2006 und Juni 2009 von Friedrich Barth und Fritz Barth aufgenommen.
The photographs of the fortresses were taken between May 2006 and June 2009 by Friedrich Barth and Fritz Barth.